세계를 사로잡은 그들은
시작부터 달랐다

세계를 사로잡은 그들은
시작부터 달랐다

초판 1쇄 2014년 6월 10일

지은이 ADL·매일경제TV
펴낸이 성철환 **편집총괄** 고원상 **담당PD** 한규란 **펴낸곳** 매경출판㈜
등 록 2003년 4월 24일(No. 2-3759)
주 소 우)100-728 서울특별시 중구 퇴계로 190 (필동 1가) 매경미디어센터 9층
홈페이지 www.mkbook.co.kr
전 화 02)2000-2610(기획편집) 02)2000-2636(마케팅)
팩 스 02)2000-2609 **이메일** publish@mk.co.kr
인쇄·제본 ㈜M-print 031)8071-0961

ISBN 979-11-5542-125-3(03320)
값 15,000원

글로벌 기업 창업의 비밀 펜타-매트릭스

세계를 사로잡은 그들은
시작부터 달랐다

ADL · 매일경제TV 지음

매일경제신문사

　　고령화와 저출산, 높아가는 실업률에 대한민국 경제는 한마디로 진퇴양난의 위기에 빠져 있다. 베이비붐 세대의 은퇴붐이 이어지며 '묻지마식 창업'이 이어지고, 이는 다시 실패와 실업의 악순환으로 이어지고 있다. 창업자의 86%가 3년 안에 문을 닫고 실패의 훈장만 남은 창업자들은 재기에 대한 도전이 두려워진다. '실패는 성공의 어머니'란 격언이 무색할 지경이다.

　　그렇다면 창업의 길에 해법은 없을까? 그 해법은 간단하다. 철저하게 준비된 창업을 해야 하고, 남들과 다른 혁신적인 아이디어를 바탕으로 창조적인 창업을 할 때 성공의 승률도 올라간다. 그것은 창업에서의 성공뿐만 아니라, 글로벌 기업으로 거듭나는 지름길이기도 하다.

글로벌 민박 정보 공유 업체인 에어비앤비(Airbnb)는 여행지의 민박 정보를 세계 여행객들과 공유한다는 작은 아이디어에서 시작해 작년에는 2억 5,000만 달러 매출을 올리는 글로벌 기업이 되었다. 젊은 여성들을 위해 트렌디한 옷을 싸게 공급해보자는 작은 아이디어에서 시작한 아소스(ASOS)는 2000년 창업 이후 2013년 기준으로는 1조 3,000억 원의 매출을 올리는 온라인 쇼핑몰로 성장했다. 또한 주변의 지인들과 실시간 정보 공유를 하고 싶다던 작은 욕구에서 출발한 트위터(Twitter)는 세계인의 소통 창구로 성장했다. 이처럼 창조창업가들은 차별화된 작은 아이디어에서 출발해 틈새 고객을 찾고, 틈새시장을 공략함으로써 성공적인 창업의 룰을 만들어냈다.

ADL과 매일경제TV는 이러한 창조 창업의 사례를 보여주는 글로벌 기업에 주목했다. 이들을 통해 창업의 성공률을 높이는 다섯 가지 성공 요소를 찾아내고, 성공 기업 간에 서로의 노하우를 배울 수 있는 새로운 툴, '펜타-매트릭스'도 찾아내었다.

다섯 가지 성공 요소란 비전과 파트너, 사업 모델, 시장, 기술이다. 얼핏 보기엔 지극히 평범한 요소일 수 있지만, 이들 요소에서 얼마나 강점을 가지고 특화되어 있느냐에 따라 기업의 성공은 좌우되었다. 또 각 요소에 따라 특장점을 가진 기업들을 분류해보면 하나의 창업 유형이 분석되었는데, 다섯 가지 요소를 두루 만족하는 유형은 스탠다드형, 기술에 특화된 유형은 테크니션-기술형, 사업모델에 특화된 유형은 혁신형, 시장에 특화된 유형은 틈새형이었다.

이 책에서는 바로 이 다섯 가지 성공 요소의 만족도에 따라 분류된 창조 창업 사례를 소개한다. 펜타-매트릭스에 따라 이들 사례를 재분석하여 각 기업의 성공 비결을 찾아 창업에 도전하는, 또는 현재 기업을 운영하는 이들이 벤치마킹하는 데 도움이 되도록 했다. 20개 글로벌 기업과 추가로 분석된 4개의 국내 기업 사례를 통해서 기업들은 현실적인 창업의 해법을 찾을 수 있을 것이다. 이 책에서 제시한 펜타-매트릭스를 통한 기업의 분석은 예비 창업가와 기존 창업자들 모두에게 성공 창업을 향한 원천적인 동력을 제공해줄 것이다.

아무쪼록 이 책을 통해 더욱 많은 사람들이 성공적인 '창조 창업'으로 향해 가기를 바란다.

저자 일동

Contents

PART
1

Penta

왜 창조 창업인가?

Matrix

이제는
창조 창업의
시대다!

: : 저성장과 창업

바야흐로 두 자릿수 경제 성장률의 시대가 지나가고 저성장 시대가 열렸다. 최근 10년간 고정투자 증가율은 연평균 1.6%에 달하고 있으며, 이는 17.9%에 달하던 1970년대와 비교하면 10분의 1도 되지 않는 수준이다. 특히 우리의 저성장 진행 속도는 선진국 어디에서도 유례가 없을 만큼 빠르게 진행되고 있다. 그뿐인가? 고정투자가 성장에 기여하는 비율도 1970년대의 40%대에서 10%대로 추락했다. 노동과 자본 투자의 축소가 내수 위축으로 이어지면서 우리

경제를 더욱 옥죄고 있다.

　무엇보다 저성장 구조 고착화는 '고용 없는 성장'으로 이어지면서 우리 경제 구조를 더욱 어렵게 만들고 있다. 2000년만 해도 경제 성장률이 1% 상승하면 일자리 6만 9,000개를 창출했지만, 2010년에 접어들면서 그 수준은 4만여 개로 줄었다. 갈수록 깊어가는 실업난의 문제를 극명하게 보여주는 셈이다.

　우리나라의 경제는 왜 이렇게 급격한 저성장기에 접어들게 된 것일까? 이는 그간의 성장 패턴에서 큰 원인을 찾을 수 있다. 지금까지 한국의 성장을 이끌어 온 것은 소수의 대기업이었다. 그러나 수출 기업의 주요 시장인 선진국의 경기 침체, 중국의 성장 둔화, 환율 강세 등의 부정적인 변수들은 대기업의 경영 환경을 악화시키고 말았다. 대기업이 주도하는 제조업 중심의 산업 사회는 성장에 한계를 보이기 시작했고 더는 일자리를 창출하지 못하게 되었다. 높아진 임금 때문에 대기업들은 생산기지를 해외로 옮겨갔고, 글로벌 시대의 국경 없는 경쟁은 이를 더욱 부추겼다. 결국, 대기업의 경영 부진은 고용 감소, GDP[1] 하락, 부의 재분배 악화 등의 문제로 이어졌다. 대기업에 크게 의존하는 우리나라 경제는 저성장 시대에 진입했고 고실업, 양극화 문제와 얽히면서 풀기 어려운 악순환의 고리에 놓이고 말았다.

　물론 저성장 문제는 국내만이 아니라 전 세계 공통의 현상이자

과제이다. 이미 일찌감치 저성장 시대에 직면한 선진시장은 자본과 노동의 투입으로 성장을 이끄는 대신 혁신을 통해 생산성을 증대시키며 성장률을 높여가는 경쟁 방식을 택하여 새로운 먹거리를 찾고 있다.

그렇다면 우리 경제는 저성장 시대를 어떻게 이겨내야 할까? 과연 선진시장이 추진했던 혁신을 통한 생산성 증대란 무엇일까? 그 답은 바로 창업에서 찾을 수 있다. 창업은 그 어느 때보다 혁신이 간절히 필요하고 일자리 창출이 절실한 현실에서 국가 경제의 미래를 담보하고 경제 발전을 선도하며 사회 변화를 이끌어내는 데 중요한 동력이다. 이미 미국에서는 이러한 룰에 따라 20대에 창업한 스티브 첸(Steve Chen)의 유튜브, 마크 주커버그(Mark Zuckerberg)의 페이스북 등 창업 기업을 통해 매년 300만 개의 일자리를 만들고 있다.

이렇듯 창업의 중요성이 떠오르면서 최근 우리 정부 역시 창조 경제와 함께 창업에 관한 새로운 패러다임 창출에 앞장서고 있다. 최근 정부가 발표한 경제 혁신 3개년 계획에서도 건강한 벤처 붐을 조성해, 창업을 도모하고 이를 동력으로 저성장의 악순환을 끊자는 데 방점을 두고 있다.

정부는 특히 벤처 활성화를 통해 저성장 시대를 극복한 이스라엘의 성공을 우리 경제에도 심어보겠다는 의지가 확고하다. 실제로 이스라엘은 1948년 건국 후 7% 이상의 고성장세를 지속하다가 1970년대 초반부터 1980년대 후반기까지 장기간 경기 침체를 겪었다. 경제 성장률은 3%대로 뚝 떨어졌다. 그러나 이러한 저성장세를 벤처 활성화를 통한 대규모 고급 인력 유치, 하이테크 산업 발전으로 풀어냈다. 그 결과 경제 성장률은 2000년대 중반 5~6% 수준으로 회복됐고 금융 위기 직후에도 경제가 성장세를 보이는 몇 안 되는 국가 중 하나에 포함됐다. 이제는 우리도 이러한 창업의 동력을 찾아야만 한다.

: : 창조 창업

저성장 시대의 해법으로서 창업을 주목하기에 앞서 우선 주목해야 할 것은 이른바 '창조 경제'다. 박근혜 정부에 들어서면서 강조되는 창조 경제란 창의성을 경제의 핵심 가치로 두고, 새로운 부가 가치, 일자리, 성장 동력을 만들어내는 경제를 말한다. 즉, 국민의 창의성과 과학 기술, 정보 통신 기술(ICT, Information and Communication Technology)의 융합을 통해 산업과 산업이, 산업과 문화가 결합하여 새로운 부가 가치를 창출함으로써 새로운 성장 동력과 일자리를 만들어내는 경제를 의미한다. 혹자는 실체가 없다는 비평을 하지만 방점은 '창의성'을 바탕으로 한다는 데 있다.

그렇다면 창조 경제에서의 창업, 창의성에 바탕을 둔 '창업', 즉 '창조 창업'이란 무엇일까? 창조 경제에 뿌리를 둔 창조 창업이란 말 그대로 창의성을 바탕으로 한 기술과 산업, 아이디어의 결합으로 탄생한 창업을 의미한다. 이는 기존의 창업에 대한 개념과 비교할 때 큰 차이점이 있다.

지금까지 우리는 창업을 연상하면 생계형 창업을 많이 떠올렸다. 수많은 치킨 전문점, 분식집, 피자 전문점, 제과점 등이 생겨났지만, 점점 경쟁이 치열해지면서 점주들은 힘들어지고 프랜차이즈 사업자만 배 부르는 구조가 되었다. 하지만 외식업을 중심으로 한 생계형 창업은 진입 장벽이 낮아서 많은 창업자가 쉽게 선택했다. 당장 돈이 되는 것, 먹고살기 위한 수단의 개념에서 창업을 계획하고 시작했다. 물론 이러한 창업이 잘못된 것이라 할 수는 없지만 성공으로 가기에는 맹점이 많다는 문제가 있었다. 생계형 창업은 절실함에서 시작하지만 체계적이지 못하기 때문이었다.

창조 창업은 이러한 개념을 수정하는 데서 출발한다. 즉, 창조 창업은 생계형이 아닌 '생산형' 창업을 지향한다. 작은 가게의 문을 여는 영세 소상공인이라 해도 먹고사는 문제에만 급급할 것이 아니라 생산적이고 활동적인 개념을 가지고 창업에 접근한다면 창조 창업이라 할 수 있다. 또한 창조 창업을 하려면 세계 시장을 염두에 두고 창업을 계획하고 시작해야 한다. 우리나라 시장뿐만 아니라 세계 시장을 바라보면서 창업에 대한 꿈을 꿔야 한다.

세계화로 인해 국경의 경계가 큰 의미가 없음을 이제는 누구나 인정하는 바이다. 이는 소상공인도 예외가 아니다. 누구에게나 세계 시장에 대한 기회가 열려 있다.

특히 창조 창업의 '창조(創造)'라는 두 글자에 주목해보자. 사전적으로 창조란 새로운 것을 만들어내는 것을 의미한다. 여기에 최근에 주목하는 시대적 의미를 덧붙이자면 두 개의 기술을 하나로 융합하거나, 복합함으로써 새로운 기술, 상품, 서비스, 자원을 만들어내는 것이다. 이것이 '창업'과 결합해 우리나라 소비자뿐만 아니라 전 세계 소비자, 인류를 위해 어떻게 공헌할 것인가의 개념으로 접근하는 것이 바로 '창조 창업'이다. 물론 다소 황당하거나 너무 거창하다는 지적이 있을 수 있다. 하지만 인터넷만 연결하면 외국 명품을 싸게 살 수 있듯이 소비자를 놓고 국경 없이 경쟁하고 있는 현실을 돌아보면 결코 허황한 이야기가 아니다.

따라서 창조 창업에서 중요한 것은 '상상'이다. 단순히 유행하는 창업 패턴이나 아이템을 모방하는 것이 아니라 나만의 상상을 상업화 또는 상용화로 구현해내야 한다. 그리고 이때 상상을 뒷받침하는 것이 바로 '기술'이다. 과거에는 지금보다 상대적으로 기술 수준이 낮아 상상을 구현해내는 일이 어려웠으며 기술 개발에 대한 부담도 높았다. 그러나 지금은 기술이 상상을 앞지를 정도다. 예전에는 새로운 기술이 나오면 일반인들이 그것을 쓰기까지 몇 년이 걸렸지만, 지금은 많은 기업이 신제품을 개발해 놓고 언제 상품을 내놓을지 고민하고 있다. 기술을 어떻게 활용하느냐에 따라 나만의 상상이 현실이 되고 사업이 된다. 따라서 어떤 아이디어를 가지고 있는가는 매우 중요하다. 또 아이디어를 빨리 상품화하고 서비스를 구현할 수 있는 추진력과 속도도 중요한 시대다.

이러한 창조 창업 활성화에 대한 정부의 의지는 어느 때보다 강하다. 부처별로 다양한 정책을 쏟아내며 창조 창업의 지원에 나서고 있다. 박근혜 정부는 미래창조과학부를 만들어 미래 먹거리를 만들겠다는 의지를 보였다. 산업통상자원부, 기획재정부, 중소기업청 등 많은 부처가 다양한 정책을 쏟아내며 창조 창업의 지원에 나서고 있다.

대표적인 것이 창조 경제 타운 아이디어 사업화 지원이다. 창조 경제 타운에서 선정된 아이디어는 창업 자금 지원과 경영 컨설팅 등을 통해 창업을 돕기로 했다. 이와 더불어 중소기업청은 사업화에 필요한 시제품 제작 비용과 마케팅 비용 등을 지원하며, 우수 아이디어 제안자에 대해선 융자 성격의 청년 전용 창업 자금을 지원하기로 했다. 또한 금융위원회는 기술 보증과 청년 창업 특례 보증 등 보증 지원을 병행한다. 미래창조과학부는 소프트웨어 분야의 우수 아이디어에 대해 개인이나 팀에게 단기 연구 개발을 지원하기로 했다. 농림축산식품부와 농업진흥청도 나섰다. 창조 경제 타운 최고 기술 책임자(CTO)[2]가 추천하는 바이오 분야 우수 아이디어에 대해 맞춤형 경영 컨설팅을 해줄 계획이다. 교육부와 중소기업청은 현재 공학 교육 혁신 센터 등의 교육 과정을 창조 경제 타운의 아이디어 제안과 멘토링 서비스와 연계해 운영하기로 했다. 창조 경제 타운에서 선별된 아이디어가 지식재산권으로 권리화되도록 특허청은 구체화와 출원 명세서 작성 등 행정 지원을 강화한다. 또 청와대와 총리실은 부처 간의 역할과 활동을 조정하고 미진한 부분은 독려하고 있다. 이렇듯 정부의 의지만 보더라도 우리는 바야흐로 창조 창업의 전성시대를 맞고 있다.

: : 1%의 성공

창업에 관한 높은 관심과 정부의 지원 열기가 커지고 있지만 사실 창업은 그리 쉬운 선택이 아니다. 지금까지의 창업 현실과 그간의 창업 여건만 봐도 그런 걱정은 쉽게 이해될 수 있다. 우선 2014년 2월, 세계은행 기업 환경 평가 보고서에서 내놓은 자료를 보면 우리나라의 창업 여건 순위는 전 세계 189개국 가운데 34위에 불과했으며 OECD[3] 34개 회원국 중에서는 10위, G20[4] 가운데서는 5위권이었다.

어디 그뿐인가? 창업보다는 취업을 선호하는 인식과 창업 이후의 실패를 바라보는 부정적 시선이 많아서 창업을 망설이게 한다. 청년들이 취업 대신 창업을 하겠다고 나서면 말리고 보는 것이 통상적인 사회적 분위기이기도 하다. 여기에 한 번의 사업 실패로 신용불량자가 되는 것은 물론 빚더미에 앉을 수도 있기 때문에 창업을 일종의 도박으로 보는 인식도 높다. 창업하기 위한 자금 조달도 은행에서 융자를 받기 어려워서 개인 자금을 쓰는 경우가 많기 때문이다. 미국 실리콘밸리의 많은 기업이 아이디어만 있으면 벤처 투자자로부터 투자를 받아 사업에 성공하는 현실과 비교하면 우리나라는 창업 여건이 너무 열악한 상황이다.

그러다 보니 창업에 대한 '도전(挑戰)'은 두려움으로 바뀌고 있다. 실업의 공포에 떨며 청년들은 공무원 임용과 대기업 취업에만 목을 매는 현실이다. 대학 졸업자의 절반에 이르는 49.7%가 공무원을 꿈꾸고 있으며 혁신이나 도전 대신 안정적인 직장, 손쉬운 창업에만 목표를 두고자 한다.

따라서 아무리 정책적으로 창업을 지원하고자 해도 이러한 사회 분위기에 반전의 계기가 일어나지 않으면 창조 창업이란 요원한 일일 수밖에 없다. 실제로 일자리가 없는 현실을 타개하기 위해 창업을 권하는 정부에 대해 훈련받지 않은 병사를 전쟁터로 몰아넣는 것이라는 비판의 목소리도 만만치 않은 상황이다.

물론 창업에 단번에 성공하는 예는 거의 없다. '끝날 때까지 끝난 것이 아니다'라는 말처럼 첫 창업이 무난하게 성장하며 어느 정도 규모의 기업을 일구었다고 해도 그것이 영원하리란 보장도 없다. 실패의 위험은 언제 어디에서나 도사리고 있으며 사업의 길이란 그 위험을 끊임없이 넘어야 하는, 결승점이 없는 장애물 경주이다.

그렇다면 우리가 창조 창업을 통해 저성장 시대의 극복이라는 궁극의 목표를 달성하려면 어떻게 해야 하는가? 창조 창업에 동참할 수 있는 분위기를 만들기 위해서는 어떻게 해야 하는가?

우선 창업은 두려움의 대상이 아니라는 인식부터 해야 우리는 현명하게 창업의 길을 찾을 수 있다. 불확실성에 과감히 도전하는 패기와 실패를 줄이기 위한 철저한 방법론과 전략, 사전 준비, 기업가 정신을 두루 갖추는 것이 필요하다. 그리고 '그럼에도 실패'를 했을 때, 실패에 대한 패배의식에 젖어들지 않고 빠르게 재기할 수 있는 사회적 여건도 뒷받침되어야 한다. 이를 통해 한국형 스티브 첸이나 마크 주커버그를 탄생시켜야 한다. 과연 그 방법이란 무엇일까?

이에 세계적인 컨설팅 기업 ADL[5]과 매일경제TV M머니[6]는 창조 경제 시대에 어울리는 창조 창업의 패러다임을 제시하기 위한 연구에 돌입했다. 창업이 더는 위험한 도박이 되지 않고 저출산, 고령화, 저성장, 고실업의 수렁에 빠져들고 있는 한국 경제에 성장의 활력을 불어넣을 수 있는 대안이자 돌파구가 될 수 있는 혜안을 찾아보기로 했다. 99%의 창업 실패율을 낮추고 1%에 불과한 창업 성공률을 높이는 비밀! 또는 1%의 성공률을 거머쥔 기업들만의 비결! 과연 그것은 무엇일까? 이 책은 바로 그러한 궁금증에서 출발했다.

02

창조 창업으로 성공한 기업들

: : 벤치마킹 대상의 선정

ADL과 매일경제TV는 창조 창업의 성공 모델을 찾기 위해 1% 의 성공을 거머쥔 기업을 분석하고 그 기업들을 벤치마킹함으로써 1% 성공의 비밀을 찾아보기로 했다. 물론 전제는 세계 시장을 기준 으로 했다. 먼저 벤치마킹 대상 기업의 후보군은 글로벌 경제 전문 지에서 발표한 베스트 스타트업(Start-Up)[7] 기업 가운데 선정했으며 그 선정 과정은 다음과 같다.

포브스, 세계경제포럼, 월스트리트, 웨비, 레드 헤링 등 세계 유

수의 경제지와 창업 관련 전문지 등은 매년 20위 또는 50위권의 혁
신적인 창조 창업 기업을 선정해 발표하고 있다. ADL과 매일경제
TV는 이들 전문지가 선정한 순위권 안의 기업을 하나로 취합해 약
300여 개의 1차 후보군을 선정하였다. 그리고 이 가운데서 확실한
글로벌 인지도를 확보하고 있고 객관적으로 성공이 증명된 기업을
2차로 선별해내었다. 이 과정에서 성공 사례의 희소성을 고려하고,
미국만이 아닌 유럽, 중국 등 기업의 국적을 최대한 다양하게 분포
하도록 배치하였다.

벤치마킹 선정 기준

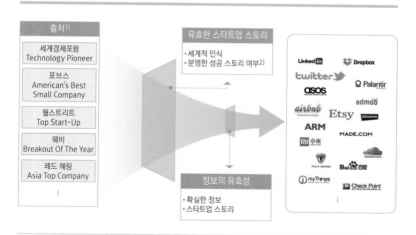

1) 상기 5개 출처 이외 Fast Company로부터 업체 리스트 수집
2) 현재까지 성공적인 사업을 유지하고 있거나 높은 가치로 대기업에 인수된 경우 포함

최종 후보에 오른 기업은 마인드 캔디(Mind Candy), 웡가(Wonga), 스포티파이(Spotify), 타오바오(Taobao), 알리바바닷컴(Alibaba.com), 화웨이(Huawei Technologies), 딜리버리 히어로(Delivery Hero), 노바엘이디(Novaled), 아이넥스10(Inex10), 터핀 테크놀러지스(Tufin Technologies), 켄슈(Kenshoo), ARM, 애드몹(Admob), 아소스(ASOS), 엣시(Etsy), 드롭박스(Dropbox), 그루폰(Groupon), 샤오미(Xiaomi), 테슬라(Tesla) 등 40여 곳이었으며 이 가운데 대표성을 보이는 20개의 창조 창업 성공 기업을 추려내었다.

: : 20개 창조 창업 모델

20개로 추려진 창조 창업 성공 기업은 다음과 같았다. 전문직 종사자를 대상으로 한 소셜 네트워크 서비스 제공 업체인 링크드인(Linkedin), 최초의 소셜 커머스 업체인 그루폰(Groupon), 웹 기반의 파일 공유 서비스를 제공하는 드롭박스(Dropbox), 모바일 광고 서비스 업체인 애드몹(Admob), 세계적인 온라인 패션 쇼핑몰 아소스(ASOS), 반도체 칩 설계 업체 ARM, 중국 검색 엔진 포탈 기업 바이두(Baidu), 중국의 스마트폰 제조 및 소프트웨어 개발 업체인 샤오미(Xiaomi), 음원 공유 서비스 제공 업체인 사운드 클라우드(Sound Cloud), IT 보안 소프트 업체인 체크 포인트(CheckPoint), 전기자동차 생산 업체인 테슬라(Tesla), 빅 데이터[8] 분석용 솔루션 제공 업체인 팔랜티어 테크놀러지(Palantir Technologies), 프리미엄 자동차 서비스 제공 업체인 우버(Uber), 글로벌 민박 주선 업체인 에어비앤비(Airbnb), 여행 정보와 예약 서비스를 제공하는 트립어드바이저(Tripadvisor), 세계 최대 소셜 네트워크 서비스 업체인 트위터(Twitter), 보안 솔루션 제공 기업 포티넷(Fortinet), 글로벌 수공예품 쇼핑몰 엣시(Etsy), 디자인 가구 온라인 판매 업체인 메이드닷컴(Made.COM), 타깃팅된 광고 마케팅을 대행하는 디지털 광고 회사 마이띵스(myThings) 등이다.

글로벌 벤치마킹 선정 업체 목록

업체명	국가	영업종목
Linked in	🇺🇸	소셜 네트워크(Social Networking Website)
GROUPON	🇺🇸	소셜 커머스 전자상거래(Social Commerce)
Dropbox	🇺🇸	클라우드를 활용한 웹 기반 파일 공유(Cloud Storage)
admob	🇺🇸	모바일 광고(Mobile Advertisement)
asos	🇬🇧	패션 관련 전자상거래(On-line Fashion Shopping Mall)
ARM	🇬🇧	반도체 및 소프트웨어 설계(Semiconductor and Software Design)
Baidu百度	🇨🇳	검색 엔진(Search Engine Service)
mi 小米	🇨🇳	휴대전화 생산 및 소프트웨어 개발(MobilephoneMfg. & Software Dev.)

		온라인 음악 유통 플랫폼(Online Audio(music) Distribution Platform)
Check Point		IT 보안 소프트웨어 개발(IT Security Software Development)
T		전기자동차 제조(Electric Vehicle Manufacture)
Palantir		빅 데이터 분석 소프트웨어 개발(Big Data Analysis Software Dev.)
UBER		교통 서비스 모바일 어플리케이션(Mobile On-demand Transportation Svc)
airbnb		온라인 숙박 공유 업체(Global House Sharing Markeplace)
tripadvisor		온라인 여행 정보 포털(Travel Review Website)
twitter		소셜 네트워크(Social Network Service)
F:RTINET.		통합 보안 소프트웨어 개발(Security Software Develoment)
Etsy		핸드메이드 제품 전자상거래(Online Handmade Marketplace)
MADE.COM		가구 전자상거래(Online Furniture Retail)
myThings		온라인 광고 플랫폼(Online Advertisement Platform)

　　20개로 압축된 벤치마킹 대상 기업들에서는 기존의 시장에서는 볼 수 없었던 새로운 사업 모델이나 새로운 아이디어를 통해 성공을 거두었다는 공통점을 찾을 수 있었다. 이들은 단적으로 표현해 지금까지의 전통적 경영 패러다임의 틀에서 벗어난 신개념의 기업이자 새로운 창업세대들이라 할 수 있다. 독특한 상품과 서비스를 통해 괄목할 만한 사업 성과를 창출하거나 상상을 초월하는 사업적 가치를 만들어내었다. 그동안 흔히 '인터넷 기업은 아이디어는 좋으나 현실적인 수익 모델이 없다'고 여겨오던 시장의 편견도 말끔히 바꿔놓

았다. 동시에 기존 시장을 지켜오던 거대 제조업을 위협하거나 매우 높은 가격으로 대기업에 인수되며 그 가치를 발하고 있다.

또한 이들 기업의 등장으로 글로벌 기업의 대표 주자로 손꼽던 많은 기업의 이름이 점점 사람들의 인식 속에서 사라지고 있으며 새로운 판이 짜이고 있다. 기존과는 전혀 다른 시장을 만들거나 상품과 서비스를 제공함으로써 아이디어가 번뜩여야 살아남는 창조 창업의 패러다임이 만들어지고 있는 것이다.

이미 시장은 GE[9]의 경영이나 혁신에 주목하기보다는 구글처럼 새로운 시장을 창조해내는 기업들의 독특한 행로와 아이디어에 주목한다. 대동강 물을 퍼내 팔았다던 봉이 김선달 식의 아이디어 경영과 순발력 있는 수완이 오히려 먹혀드는 시대임을 어렵지 않게 증명하고 있다.

이에 ADL과 매일경제TV는 이들 기업의 분석을 통해 창조 경제 시대에 걸맞은 창조 창업의 근간을 찾아 나서는 연구에 돌입했다. 이에 대한 자세한 설명은 다음 장에서 이어가도록 한다.

Penta

창조 창업의 성공 비밀을 찾아라

Matrix

01

성공 요소만 알면 절대 실패하지 않는다!

: : 창조 창업 성공 요소

앞서 언급한 20개 기업의 창업 과정과 성공적인 시장 정착 과정을 분석해본 결과 이들 기업에서는 다양한 성공 요소가 발견되었다. 이들 기업은 공통으로 창업의 동기가 분명하고 이른바 기업가 정신과 개척 정신을 가지고 모험적인 자세로 사업을 일으키고 운영해나갔다. 자본이나 마케팅, 기술 등 분야별로 훌륭한 파트너를 보유하고 있었으며 정부의 지원을 충분히 활용하기도 했다. 특히 공통으로 두드러지는 요소는 차별화였다. 무엇을 팔 것이며, 어떻게 팔 것

PART 2 _ 창조 창업의 성공 비밀을 찾아라

인지에 대한 개념에서도 남다름을 추구하고 있었다. 누구나 같은 시장에 발을 담그고 있지만 기회의 포착은 남다른 시각에서 출발했다. 즉, 똑같은 시장의 트렌드에서 차별화된 기회를 포착하는 '순발력'과 '아이디어'가 이들 기업의 강점이었다.

이처럼 20개 성공 기업에서 도출된 특징과 강점을 토대로 요소별 분석에 들어갔다. 그 결과 성공 요소는 참으로 다양한 부문에서 도출되었다. 비전, 목표, 파트너, 기술, 사업 모델, 시장 위치, 기업 지배력, 정부 지원, 법률적 지원, 정부 규제, 인재, 직원 사기 등 수십 가

벤치마킹 선정 기준과 성공 요소

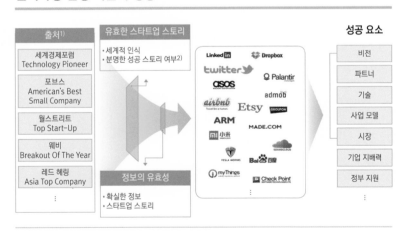

1) 상기 5개 출처 이외 Fast Company로부터 업체 리스트 수집
2) 현재까지 성공적인 사업을 유지하고 있거나 높은 가치로 대기업에 인수된 경우 포함

지 요인들이 성공 요소로 분석됐다. 그리고 이 성공 요소들 간의 상관관계를 분석한 후 비슷한 성질을 가진 요소들을 중심으로 압축해나갔다. 예를 들어 비전과 목표를 하나로 묶거나 기술과 인재, 파트너와 정부 지원, 투자자, 법률적 지원, 기업 지배력 등을 하나로 통합해 대표성 있는 성공 요소로 집중해갔다.

이렇게 도출된 각 성공 요소가 각각 기업의 성공에 얼마나 직접적인 영향을 미쳤는가를 분석하고 기여도에 따라 순위를 매겨보았다. 그 결과 비전, 파트너, 기술, 사업 모델, 시장, 지배력, 정부 지원 등 20여 개의 성공 요소가 순서대로 나열됐다. ADL과 매일경제TV는 이 순서를 토대로 상위 다섯 가지 항목을 핵심 성공 요소로 간주했다. 비전, 파트너, 기술, 사업 모델, 시장 등 다섯 가지 성공 요소는 기업의 성공에 절대적으로 영향을 미치는 대표적인 성공 요소였다.

얼핏 이해하기에 다섯 가지 요소는 기존의 경영학에서도 이미 검증된 바 있는 성공 요소와 별반 다르지 않거나 특별할 것이 없는 것처럼 보인다. 이는 아마도 경영의 패러다임은 바뀌어도 경영의 목적이 이윤 추구에 있다는 기본 경영 철학은 달라지지 않는다는 전제 때문일 것이다. 따라서 여기서 설명하고자 하는 다섯 가지 요소는 어떤 것이냐 하는 것보다는 다섯 가지의 요소가 성공에 어떻게 영향을 미치는가 하는 '내용'에 방점을 두고 있다. 특히 다섯 가지 요

펜타-매트릭스

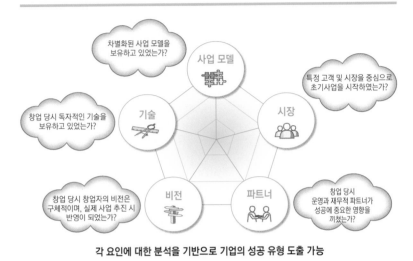

차별화된 사업 모델을
보유하고 있었는가?

사업 모델

특정 고객 및 시장을 중심으로
초기사업을 시작하였는가?

창업 당시 독자적인 기술을
보유하고 있었는가?

기술

시장

창업 당시 창업자의 비전은
구체적이며, 실제 사업 추진 시
반영이 되었는가?

비전

파트너

창업 당시
운영과 재무적 파트너가
성공에 중요한 영향을
끼쳤는가?

각 요인에 대한 분석을 기반으로 기업의 성공 유형 도출 가능

소의 실현에서 가장 중요한 것은 반드시 창의적인 활동을 바탕으로
한다는 점이다.

이런 관점에서 다섯 가지 요인을 좀 더 정확히 표현하자면, '명확
한' 비전과 '좋은' 파트너, '특화된' 기술, '독특한' 사업 모델, '틈새' 시
장의 확보라고 할 수 있다.

즉, 위의 그림처럼 창업 당시 다섯 가지 분석 기준인 첫째, 창업
자의 비전은 구체적이며 실제 사업 추진 시 반영이 되었는가? 둘째,
운영과 재무적 파트너가 성공에 큰 영향을 끼쳤는가? 셋째, 독자적

인 기술을 보유하고 있었는가? 넷째, 특정 고객과 시장을 중심으로 초기 사업을 시작했는가? 다섯째, 차별화된 사업 모델을 보유하고 있었는가? 에 맞춰 살펴보고 만족해야 한다. 다음 장에서 다섯 가지 성공 요소를 구체적으로 살펴보자.

5대 핵심
성공 요소
파헤치기

: : 비전

펜타-매트릭스의 첫 번째 요소인 '비전'은 창업자의 비전을 의미한다. 다시 말해 창업자가 '과연 내가 왜 이 사업을 하려고 하는가?'에 대해 명확하게 설명할 수 있는 창업의 이유이자 명분이다. 이때 중요한 것은 비전이 훌륭하거나 거창한가보다는 비전을 지니고 있는가, 아닌가 즉, 비전의 보유 여부다. 앞서 언급한 20여 개 기업의 창업자들도 마찬가지였다. 이들은 공통으로 자신만의 명확한 비전을 지니고 있었다. 비전의 내용은 매우 다양했으며 그 내용은 창업 이후의 길을 정하는 중요한 분기점이 되었다.

물론 창업자들의 비전이 항상 좋은 평가를 받지는 않았다. 사업 초기에는 허황하거나 실현 가능성이 낮다는 지적을 받는 경우도 허다했다. 그러나 성공한 창업자들은 그러한 비난에도 흔들림 없이 자신의 비전을 고수하고 추구함으로써 마침내 자신의 비전이 옳은 선택이었음을 증명하기에 이른다. 이는 모든 성공 기업에서 공통으로 나타나는 특징이다. 또한 비전에 대한 부정적인 시각을 오히려 시장의 고객 욕구로 재해석하고 사업 모델을 더욱 공고히 하는 데 반영함으로써 성공의 길을 찾아내었다.

그렇다면 앞서 선정한 20개 성공 기업의 창업자들은 어떤 비전을 갖고 있었을까? 창업자들의 비전은 비교적 간단하고 명료하다. 인터넷 의류 쇼핑몰 업체인 아소스는 '예쁜 옷을 싸게 공급한다'는 비전에서 출발했으며 글로벌 민박 주선 업체인 에어비앤비는 '공유 경제의 실현'이라는 비전에서 출발했다. 이는 창업자 자신의 작은 경험에 비롯된 것이었다. 민박 정보의 공유, 즉 민박하기를 원하는 사람과 집을 제공하는 사람을 연결해 공유 경제를 실현하자는 것이었다. 그러나 창업 초기, 창업자인 브라이언 체스키(Brian Chesky)가 민박 공유 서비스를 내놓자 주변의 대부분 투자자가 안전성에 대한 문제점을 제기했다. 심지어 어리석은 비전이라는 비난을 듣기도 했다. 벤처 캐피털로부터는 말도 안 되는 사

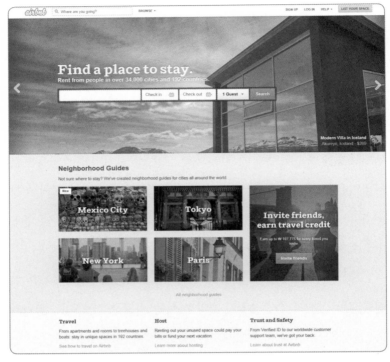

사진 출처 1)
글로벌 민박 주선 업체인 에어비앤비는 '공유 경제의 실현'이라는 비전에서 출발했다.

업 모델이라는 평을 얻기도 했다. 그러나 브라이언 체스키는 오히
려 이를 극복할 만한 방안을 연구했다. 사이트의 서비스는 정회원
을 대상으로 제공하고, 정회원은 철저한 본인 인증을 통해 가입할
수 있게 했다. 또한 집을 소개할 때에는 반드시 실제 사진이 포함
된 정보를 게시하도록 했다. 마지막으로 민박을 실제 이용했던 여

행객들의 후기 및 평가를 통해 집주인과 이용자 상호 간에 신뢰를 구축해갔다.

음원 공유 서비스 제공 업체인 사운드 클라우드는 '음원 파일을 온라인 공간에 공유함으로써 음악 제작자들이 작업 효율성을 높일 수 있는 환경을 조성하자'는 비전을 가지고 있었다.

수공예품 온라인 쇼핑몰인 엣시는 '예쁜 수공예품을 공간의 제약 없이 합리적인 가격에 살 수 있는 환경을 제공하겠다'는 비전을 세웠다. 수공예품의 경우, 일반적으로 소규모 거래로 이루어지기 때문에 해당 지역 내에서만 제한적인 소비자를 대상으로 장사하는 경우가 대부분이었다. 이 때문에 만드는 사람은 팔 곳을 찾기 어렵고, 사고자 하는 사람은 살 곳을 찾기 어려운 것이 현실이었다. 엣시는 바로 이런 사람들을 대상으로 거래를 주선하는 온라인 마켓 플레이스[10] 사업 운영 모델을 고안하게 되었고 엣시라는 쇼핑몰을 만들 수 있었다.

트위터의 창업 비전 역시 거창한 데 있지 않았다. '주변의 지인과 친구들이 어떻게 무엇을 하고 있는지, 내가 보고 느낀 것을 그때그때 알리고 공유하고 싶다'는 단순한 궁금증에서 출발했다. 여러 사람이 동시다발적으로 소식을 나누는 소통의 창이 바로 트위터의 비전이었던 셈이다.

여행 정보와 예약 서비스를 제공하는 트립어드바이저는 '편리하고 믿을 수 있는 실시간 여행 예약 서비스, 실제 여행객들의 생생한 스토리를 담는 가상 공간을 만들자'는 것이 비전이었다. 흔히 온라인에 제공된 정보는 과장되거나 거짓인 경우가 많았고 그 정보만을 믿고 막상 여행지를 가보면 정보와 다른 일이 많았다는 경험에서 우러난 비전이었다. 이에 트립어드바이저의 창업자 스티븐 카우퍼(Stephen Kaufer)는 기존 여행 정보 사이트의 폐단을 개선한 서비스를 제공하게 되었다. 그러나 이를 두고 외부에서는 트립어드바이저와 같은 가상 공간의 필요성에 의문을 제기하며 부정적인 시선을 보냈다. 그러나 스티븐 카우퍼는 자신의 비전을 밀고 나갔다. 물론 자신의 고집만을 고수하지도 않았다. 시장의 욕구와 우려를 반영해 정확하고 살아 있는 정보를 제공하도록 서비스를 보완하고 이를 통해 수익을 창출시켰다. 그러자 단순한 정보 제공에서 여행 포털로 확대되면서 다른 어떤 여행 포털보다도 생생한 이야기를 많이 담고 있는 곳으로 발전해 나갈 수 있었다.

클라우드 시스템을 활용한 파일 공유 서비스를 제공하는 드롭박스는 처음 창업 당시만 해도 기존의 웹하드 공유 서비스와 뭐가 다르냐는 의문의 시선이 있었다. 이에 창업자인 드류 휴스톤(Drew Houston)은 기존의 서비스와 비교해 차별화할 수 있는 특징을 강조하며 시장의 호응을 얻어냈다. 즉, 기존의 방식은 다운로드 서비스를 통해 파일을 공유하는 식이었지만 드롭박스는 실시간 동기화 기

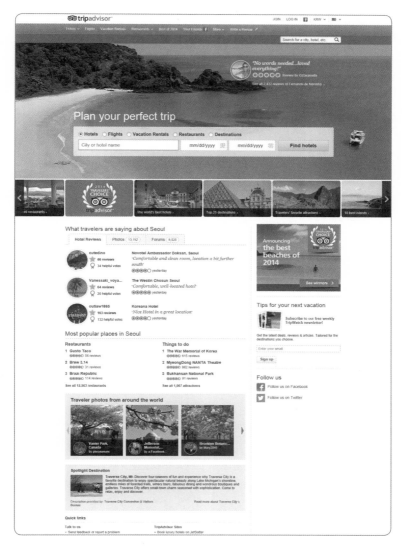

사진 출처 2)
트립어드바이저는 창업 당시 편리하고 믿을 수 있는 실시간 여행 예약 서비스를 제공하겠다는
비전을 세웠다.

사진 출처 3)
링크드인은 세계 최초로 전문직 중심의 프로페셔널 소셜 네트워크 서비스를 만들겠다는 비전으로 출발했다.

술을 이용하기 때문에 로그인이나 다운로드, 업로드에 소요되는 추가적인 시간이 없다는 점이 특징이다.

　링크드인 역시 마찬가지 경우였다. 사업 초기, 전문직 종사자들을 위한 소셜 네트워크 서비스라는 비전을 내세웠지만 주위에서는 매우 부정적으로 보았다. 전문직 종사자나 업체가 모여들겠느냐는 것이었다. 또한 구체적인 수익 모델이 없어 사업을 지속할 수 없다는 평가도 쏟아졌다. 벤처 투자자들도 투자를 거부할 정도였다. 그러나 창업자 리드 호프만(Reid Hoffman)은 생각이 달랐다. 전문직 종사자도 직업을 구하거나 직장을 옮길 것이라 확신했다. 그러나 당시 마땅한 창구가 없었다. 전문 직종은 일반 직종과 달리 공개 채용이 흔치 않고 채용 정보도 구하기 쉽지 않았다. 바로 이 점을 핵심 요소로 삼아 서비스를 개발했다. 그리고 서비스를 시작하자 기존의 예상은 보기 좋게 빗나갔다. 컨설턴트나 금융 전문가 등 특수한 직종 사람들이 등록하기 시작했고 전문 업체의 채용 정보도 속속 올라왔다. 당장 수익 모델은 없었지만 회원을 모으고 이를 기반으로 구인, 구직, 광고라는 세 가지 사업 모델을 개발했다. 각 사업 모델은 각각 매출의 30%를 차지하며 안정된 성장을 보이고 있다.

이처럼 비전은 창조 창업의 실마리를 푸는 첫 단추이자 성공의 기반이 된다. 이 밖에 20개 성공 창조 창업 기업의 비전은 다음의 표와 같다.

창조 창업 성공 기업의 주요 비전

기업	비전
ARM	ARM의 기술을 기반으로 생산되는 반도체, ARM과 관련된 모든 기업의 성장을 돕는다 Value chain/Ecosystem with support and products based on ARM's technology
체크포인트	보안의 모든 영역에서 강력한 보안 서비스를 제공하자 Check Point 3D Security, combines policies, people and enforcement for stronger protection across all layer of security
드롭박스	사람들의 디지털 라이프에서 우리가 중심이 되어보자 Center of everyone's digital life

포티넷	콘텐츠 보안 시장을 이끌자 Deliver enhanced performances and drive consolidation into the Content Security Market
마이띵스	투명한 고객 맞춤 솔루션 광고를 지향한다. Delivering greater transparency in its customized programmatic ad solutions
팔랜티어 테크놀러지	세계를 바꿔보자. 즉, 우리의 기술로 세계를 바꿔보겠다 We change the world for the better by writing software
애드몹	글로벌 모바일 사업 파트너 Global mobile business partner
에어비앤비	공유 경제 실현과 달성 Leading company in the share economy
바이두	세상에서 가장 큰 미디어 플랫폼 기업이 되겠다 One of the world's largest new media platform
그루폰	더 좋은 세상을 만들자 Make a better world
트립어드바이저	편리하고 믿을 수 있는 실시간 여행 예약 서비스 Travel Planning that is increasingly socially relevant, mobile and delivered in real-time
트위터	커뮤니케이션 플랫폼 혁명 Communication Platform Revolution
아소스	합리적이고 예쁜 옷을 전 세계에 공급한다 Provide fashionable apparel to every corner of the world at a reasonable price
엣시	건전한 상거래를 통한 수공예품 시장의 활성화 Re-imagine commerce in ways that build a more fulfilling and lasting world
링크드인	세계 최초로 전문직 중심의 프로페셔널 소셜 네트워크 서비스를 만들겠다 The first professional social networking service in the world
메이드닷컴	디자이너 가구를 보급하고 이를 통해 소비자의 만족과 가치를 끌어 낸다 Distribute designer furniture with customer satisfaction and value in mind
사운드클라우드	소리가 곧 소통의 기반이다 Sound is basic of communication
우버	전 세계 도시의 대중교통 시스템을 바꿔보자 Change transportation and logistics in urban centers around the world

샤오미	중국 기업에 대한 브랜드 혁명을 일으키자 Brand Revolution of Chinese Company in the World
테슬라	세계 최초의 전기자동차를 양산하겠다 Create the most compelling car company of the 21st century by driving the world's transition to electric vehicles

: : 파트너

파트너란 말 그대로 창업 시 동참하는 동업자 내지는 조력자, 지원자를 의미한다. 주로 재무, 경영, 기술 등 창업자 혼자서는 감당할 수 없는 영역에서 창업기의 어려움이나 문제를 함께 분담하는 역할을 하게 된다. 실제 20개 성공 기업에서 발견된 파트너는 창업자가 보유한 아이디어나 기술을 극대화하거나 창업자의 부족한 역량을 채워주는 역할을 톡톡히 했다. 이 때문에 파트너의 역할에 따라 사업의 성패가 달려 있다고 해도 과언이 아니었다. 또한 성공적인 창조 창업 기업의 창업자들은 자신의 부족한 역량을 빠르게 인정하고 이를 외부의 누군가에 의해 채워지는 것을 두려워하지 않는다는 공통점을 찾을 수 있다.

파트너의 개념과 역할에 관해서는 다음 몇몇 기업의 사례를 통해 살펴보도록 하자. 빅 데이터 분석 기술 보유 업체인 팔랜티어 테크놀러지는 창업 초기, 기술형 창업 기업답게 엔지니어 중심으로 창

사진 출처 4)
엔지니어 중심으로 창업 멤버를 구성했던 팔랜티어 테크놀러지는 투자 유치 전문가인 알렉스
를 파트너로 영입했다.

업 멤버를 구성했다. 엔지니어들의 결합은 이들이 확보한 빅 데이터 분석 기술을 더욱 고도화하는 데 큰 도움이 되었지만, 문제는 투자 유치나 기업 홍보 등의 부문이었다. 벤처 캐피털을 상대로 투자 영업을 벌이는 일이란 기술밖에 모르는 엔지니어들에겐 어렵기만 했고 한계가 있었다. 이에 영입하게 된 파트너가 바로 투자 유치 전문가인 알렉스 카프(Alex Karp)였다. 알렉스는 자산 관리 기업을 운영하며 여러 번의 투자 경험을 보유한 전문가였다. 실제로 알렉스는 파트너로 영입된 후, 팔랜티어 테크놀러지의 창업 초기에 투자 유치 작업을 도맡으며 초기 경영의 어려움을 해결했다.

이 밖에도 모바일 광고 업체인 애드몹도 창업 초기, 마케팅 전문가인 러셀 버클리(Russel Buckley)가 합류했으며, 중국 검색 포털 사이트인 바이두는 창업 초기 리앤홍(李彦宏)이라는 영업 파트너를 영입해 투자 유치를 성공적으로 끌어내었다.

링크드인은 좋은 파트너를 통해 막연했던 사업 아이디어를 현실화한 사례다. 링크드인의 초기 사업 아이디어는 리드 호프만이라는 젊은 청년의 머릿속에만 담겨 있었다. 그는 자신의 아이디어를 어떻게 시장에 론칭할 것인지 막막하기만 했다. 이때 유명 엔젤 투자자와의 협력은 그의 막막함을 해결해주었다. 엔젤 투자자는 단순히 자금 지원에만 그치지 않고 전문직 종사자들을 엮는 소셜 네트워크 서비스와 수익 모델의 창출을 어떻게 할 것인가에 관해 컨설팅을 제공함으로써 링크드인의 안정적인 사업 기반을 만들었다.

이와 같은 사례에서 보듯 성공적으로 창업한 기업들은 창업 초기, 창업자가 가진 역량에 따라서 다양한 파트너의 영입으로 사업 기반을 다진다. 특히 파이낸셜 파트너와의 관계는 되도록 장기적으로 유지해 기반을 더욱 탄탄히 했다. 이들의 지원은 초기에 필요한 자금만 한시적으로 지원하는 것에서 그치지 않고 장기적으로 이어지며 창업 기업을 성공적으로 시장에 안착시키는 데 결정적인 역할을 했다. 몇몇 기업에서는 자금 지원에만 머무르지 않고 경영적인 측면의 지원자로서도 역할을 해냈음을 알 수 있었다. 그 결과 때로는 파트너가 사업의 향방을 좌우하기도 했다.

따라서 성공적인 파트너란 장기적인 관계를 유지하며 창업 이후 성장 단계별로 기업에 필요한 추가 역량은 무엇인지, 이에 따르는 추가적인 자금은 어느 정도인지 함께 고민하고 감내하며 기업을 성장시켜가는 후원자가 될 수 있는 파트너라 할 수 있다. 여기서 더 나아가 파트너와의 관계가 돈독해지면 현재 관계를 맺고 있는 파이낸셜 파트너가 지원 역량에 한계가 생길 때 또 다른 파이낸셜 파트너를 발굴해 기업에 연결할 정도가 되기도 한다. 자금 투자와 이를 통한 한순간의 수익에만 급급한 투자자에서 그치는 것이 아니라 기업의 성공을 위해 성장 과정을 함께 헤쳐 나가는 지원과 수고를 감수하는 완벽한 파트너로서 활약하기도 한다.

　　이와 같은 사례는 인터넷 방화벽 솔루션 업체인 체크포인트의 예에서 찾아볼 수 있다. 1993년 설립한 체크포인트는 설립 당시 벤처 캐피털인 BRM이 49%의 지분을 보유하며 투자에 참여했다. 이후 BRM은 체크포인트를 재무적으로만이 아니라 경영적으로도 지원하기 시작했다. 바로 경영 컨설팅에도 나섰던 것이다. 이렇게 시작된 이들의 관계는 창업 초기부터 지속되어 2000년대로 접어든 이후에도 이어졌다. BRM 측에서 체크포인트를 돕던 파트너 가운데 한 사람은 아예 BRM을 퇴사한 후 체크포인트에 공식 합류하며 직접 경영에 참여하기도 했다.

　　파일 공유 서비스 업체인 드롭박스의 예도 마찬가지다. 파이낸셜

사진 출처 5)
체크포인트의 설립 당시 벤처 캐피털인 BRM이 49%의 지분을 보유하며 든든한 재무·경영 지원 파트너로 참여했다.

파트너였던 페즈먼 노자드는 드롭박스와 장기적인 관계를 이어가며 드롭박스의 성공을 도운 일등공신이었다. 노자드는 창업 이후에도 지속해서 드롭박스에 더욱 많은 벤처 캐피털의 투자가 유치되도록 투자 시장에서 적극적인 마케팅을 펼치고 입소문을 내며 직접 투자자를 연결하는 든든한 지원군 역할을 했다.

에어비앤비의 경우도 마찬가지다. 2009년 벤처 캐피털의 지원을 받으며 맺어진 관계를 지금까지도 이어지고 있다. 에어비앤비의 성장에 따라 벤처 캐피털은 이미 투자를 통해 수익을 올렸지만, 수익 발생 시점에 자금을 회수하지 않고 재투자를 통해 장기적인 관계를 지켜가고 있다. 물론 에어비앤비의 장래성과 가치를 인정한 결과 이루어진 일이었지만 이러한 벤처 캐피털과의 파트너십은 또 다른 외부 투자자에게 신뢰감을 높이는 홍보 효과를 내기도 했다.

테슬라는 2003년 설립될 당시, 전기차 배터리와 파워트레인 관련 기술을 보유하고 있었다. 테슬라는 이들 기술을 발전시켜 상용화하고 어떻게 수익을 낼 것인지 장기적인 비전을 계획하고 있었지만 문제는 당장의 수익 확보였다. 그들의 기술은 독보적이었지만 기술의 상용화는 아직 먼일이었기 때문이다. 실제로 테슬라는 기술 확보에서 상용화까지 6년에 걸친 투자 기간을 기다려야 했다. 그 기간에 매출이 전혀 발생하지 않았음에도 무사히 6년을 지나올 수 있었던 것은 두세 곳의 벤처 캐피털을 통해 총 9회에 걸쳐 투자를 유치한 덕분이었다. 흔히 벤처 캐피털의 투자는 5년 이내에 투자금을 회수하거나 사업성을 평가해 철수 결정을 내리지만 테슬라는 6년간의 투자 기간을 유지하며 무사히 기술 상용화를 이뤄내었다.

: : 기술

펜타-매트릭스의 세 번째 구성 요소인 기술에 대해서 살펴보자. 이때의 기술이란 좀 더 정확히 표현하면 '시장에서 원하는 기술'을 의미한다. 즉, 기술 그 자체의 우수성이 중요한 것이 아니라 사람들의 불편함을 해결할 수 있는 시장성 있는 기술일 때 의미가 있다. 따라서 기술의 확보란 시장이 원하는 것을 파악해서 지속적으로 개발하는 것을 전제로 한다. 시장의 욕구에 들어맞는 확실한 기술이 개발되면 초기에 구체적인 사업 모델을 확보하지 않은 경우에도 기술 개발과 동시에 사업 모델의 구성은 자연스럽게 따라오게 된다.

20개 기업 가운데 기술 부문에서 우위를 갖춘 기업들의 사례를 살펴보자. 디지털 광고 회사 마이띵스는 창업 초기 일명 '리타깃팅(Retargeting)' 기술을 보유하고 있었다. 마이띵스의 리타깃팅 기술은 독자적이었으나, 당시만 해도 수익 창출이 가능한 사업 모델을 개발하지 못한 상황이었다. 이에 마이띵스는 리타깃팅 기술을 활용한 '룩 어라이크 타깃팅(Look-alike Targeting)', '프리 타깃팅(Pre-Targeting)' 등의 선제 광고 기법을 개발하며 적절한 사업 모델을 만들어내기 시작했다.

'룩 어라이크 타깃팅(Look-alike Targeting)'이란 광고주의 웹사이트에 등록된 고객들의 개인 프로파일 분석을 통해 광고 노출에

사진 출처 6)
마이띵스는 리타깃팅 기술을 활용한 선제적 광고 기법을 개발하며 적절한 사업 모델을 만들었다.

적합한 프로파일을 가진 잠재 고객을 찾아 집중 광고를 하는 방식이며, '프리 타깃팅(Pre-Targeting)'이란 인터넷 사용자의 인터넷 사용 기록 가운데 온라인 서핑과 관련된 데이터를 수집해 이를 토대로 사용자에게 관련 상품의 광고를 노출하는 방식이다. 두 방식 모두 광고의 소구 대상에 맞춰 집중도를 높일 수 있다는 장점이 있고 매출과 직결되는 효과로도 이어질 수 있었다. 결국, 마이띵스는 이러한 기술을 바탕으로 한 광고 기법을 선보이며 시장에 무사히 안

착할 수 있었다.

팔랜티어 테크놀러지 역시 기술적 우위를 통해 창업에 성공한 사례다. 이곳은 빅 데이터 분석 기술을 보유하고 있었는데, 기존의 데이터 마이닝[11] 기법과는 차원이 다른 기술이었다. 이를 바탕으로 개발해낸 것이 기업이 데이터를 분석해서 '누구에게 팔 것인가'를 찾아내는 분석툴이었고, 이것이 바로 이들만의 특화된 사업 모델이 되었다. 또한 빅 데이터를 활용한 정보에 대해 정부만이 아니라 기업이나 개인에서도 욕구가 높아진다는 점에 착안해 기술의 적용 범위를 정부용 분석 툴 시장까지 넓히며 더욱더 활용도 높은 기술로 발전시켜갔다.

ARM의 예를 들어보자. ARM은 반도체 칩 설계 관련 기술을 보유한 기업이었다. 이들만의 특화된 기술을 보유하고 있었지만, 창업 초기엔 이 기술을 어디에 접목해 어떻게 활용할 것인지 판로를 찾지 못해 매우 고민해야 했다. 이후 ARM은 반도체 칩이 다양한 휴대전화에서 사용되는 점에 착안해 휴대전화 단말기 제조 업체를 공략하기 시작했다. 단말기 제조 업체와 공동으로 휴대전화 시장의 트렌드를 예측하며 신제품을 개발하고 이에 맞는 새로운 기술 개발을 해나갔다. 시장 트렌드에 따른 유연하고 신속한 기술 개발은 ARM을 단숨에 관련 분야의 대표적인 기업으로 떠오르게 했다.

온라인 네트워크 방화벽을 개발한 체크포인트도 마찬가지였다.

사진 출처 7)
ARM은 창업 초기, 반도체 칩이 다양한 휴대전화에서 사용되는 점에 착안해 휴대전화 단말기 제조 업체를 공략했다.

체크포인트의 창업 당시였던 1993년만 해도 시장에선 인터넷 사용이 흔하지 않았고 방화벽에 대한 개념도 형성되어 있지 않았다. 이 때문에 이들의 사업 론칭은 기술 개발 후 2년이 지난 후였으며 또 기술이 상용화되기까지는 무려 6년의 기간이 걸렸다. 그러나 현재는 IT시장의 독보적인 위치를 차지하고 있다.

포티넷 역시 시장의 발전에 따라 그 속에서 나타난 새로운 욕구를 기술 개발로 해결한 곳이다. 포티넷은 인터넷이 발달하고 많은 사람이 인터넷을 통해 다양한 정보를 주고받게 되면서 등장한 새로운 문제에 접근했다. 즉, 기존의 방화벽이 망과 망 사이의 보안에 집중하고 있는 사이 개인 정보와 콘텐츠 등에 대한 보안과 보호의 필요성도 높아지고 있음을 발견한 것이었다. 이러한 욕구를 기술 개발로 응용하며 보안 통합 솔루션을 개발했고, 새로운 시장을 만들어낼 수 있었다.

드롭박스는 '단순히 손쉽게 많은 사람이 파일을 공유할 수 없을까' 하는 의문에서 출발했다. 창업자 자신이 이동디스크를 가지고 다니며 작업하는 것에 불편함을 느꼈고 이를 해결해보자는 것이 그 출발점이었다. 결국, 드롭박스는 클라우딩과 동기화라는 기술을 접목해 신개념의 공유 서비스를 만들어내었다.

: : 사업 모델

펜타-매트릭스의 네 번째 요소인 사업 모델은 수익 창출과 직접 연관되는 요소다. 즉, 사업 모델이란 기본적으로 '기업이 어떻게 돈을 벌 것인가?'에 대한 답을 의미한다. 돈을 번다는 것은 시장이 찾는 제품이나 서비스를 제공하는 일이며, 이를 위해서는 시장의 트렌드에 매우 민감하게 반응하여 민첩하게 대응하고 상품과 서비스를 차별화해야 한다.

예컨대 앞서 기술 부문에서 설명한 것처럼 일상생활의 불편함을 기술 개발을 통해 해결하듯, 기업은 기존 시장에서 유사한 사업 모

사진 출처 8)
트위터의 서비스는 SMS, 메신저, 블로그, 커뮤니티를 하나로 결합해 경쟁력 있는 사업 모델을 만들었다.

델을 가진 기업과 비교해 고객에게 차별화된 만족을 제공하거나 기존 사업 모델이 보였던 단점을 해결할 수 있어야만 경쟁력이 있다. 단, 사업 모델이 발화해 최초의 수익을 창출해내는 시점이 반드시 창업 시기로부터 빨리 다가오지 않을 수도 있다는 점도 염두에 둬야 한다. 수익 창출 시점이 창업 후 더디게 오더라도 쉽게 실망할 필요는 없다는 의미다.

트위터의 예를 들어보자. 사실 트위터는 창업 초기에 마땅한 수익 모델이 없었다. 그러나 이들은 한 가지 확고한 목표가 있었다. 앞으로 수익 창출이 가능할 것이며, 그 동력은 바로 회원 수가 될 것이고, 이를 위해 창업 초기부터 회원 확보에 집중하겠다는 점이었다. 실제로 트위터는 창업 후 약 5년 만에 최초의 수익이 발생했는데 그 기간 내내 확보한 회원을 바탕으로 펼친 서비스가 기반이 됐다.

트위터의 서비스는 SMS, 메신저, 블로그, 커뮤니티를 하나로 결합한 서비스라는데 경쟁력이 있었다. 이들 각 커뮤니티 서비스가 갖고 있던 장점은 극대화하고 단점을 보완하는 방법으로 트위터만의 서비스를 만들었다. 즉, 블로그[12]와 커뮤니티[13]는 사용자 간에 정보를 공유할 수는 있었지만, 신속성이 떨어진다는 단점이 있었는데 이를 보완하기 위해 채용한 것이 실시간 채팅 서비스였다. 그리고 기존의 메신저 서비스는 신속하지만, 공유성이 없다는 단점이 있으므로 공유 기능을 강화해 트위터의 현재 모습을 만들어냈다. 인터넷 블로그와 커뮤니티가 일순간에 붐이 일었다가 단점을 극복하지 못해 사라지고 마는 것을 보고 생각해낸 아이디어였다.

중국 검색 포털인 바이두는 창업 초기만 해도 단순히 검색 서비스를 제공하는 형태에 그쳤다. 이에 수익 창출을 위한 사업 모델을 고민하다가 일단 많은 사용자를 확보하는 데 집중하기 시작했다. 즉, 바이두를 이용하는 사람들이 많을수록 바이두에 게재한 광고의 노출이 많아지므로 이를 통해 광고 수수료를 수익으로 하겠다는 전략이었다. 그러나 문제는 어떻게 사람들을 모으느냐에 있었다.

이에 바이두는 중국인들의 취향을 연구하고 이들이 원하는 서비스 개발에 몰두했다. 당시만 해도 중국에서 사용되는 검색 포털은 야후와 같은 글로벌 검색사이트를 단순히 중국어로 번역한 상태

사진 출처 9)
바이두는 중국인 성향에 맞는 검색어 자동 완성 기능과 중국인을 이해한 서비스를 제공하며 편의성을 높였다.

였기 때문에 카테고리 분류나 메뉴 등에서 중국인들의 문화에 어울리지 않고 이해하기 어려운 점도 많았다. 이에 바이두는 중국인 성향에 맞는 검색어 자동 완성 기능을 개발하거나 중국인을 이해한 서비스를 제공하며 편의성을 높였다. 이러한 사용자 중심의 사이트 구성은 실제로 많은 사용자의 방문을 이어지게 했다. 그리고 이것은 그들의 예상대로 높은 광고 수익으로 연결되기 시작했다.

바이두는 중국인 성향에 맞는 서비스 개발로 성공을 거두면서 이 전략을 꾸준히 지켜갔다. 창업 이후 10년 동안 50여 가지의 추가 서비스를 개발해 제공하며 사용자들의 신뢰와 호응도를 높였다. 또한 최근에는 중국 내에 중장년층의 인터넷 사용률이 증가하자 중장년층을 대상으로 한 새로운 버전의 바이두를 제공하고 있다. 이는 기존 바이두 사이트와 달리 글자 모양도 크고, 중장년층이 원하는 카테고리나 콘텐츠를 연동하는 서비스다.

트립어드바이저는 여행자들의 생생한 후기를 공유하는 가상 공간에서 출발했다. 물론 창업 초기에는 이러한 개념만으로는 수익을 보장하기 어려웠다. 그래서 이들이 계획한 사업 모델은 여행자들의 후기와 정보가 쌓이게 되면 이를 여행사에 유료 정보로 제공하겠다는 것이었다. 하지만 이러한 계획도 실제 시장에선 쉽게 받아들여지지 않았다. 시장에선 트립어드바이저의 데이터를 상품성 있게 보지 않았기 때문이었다. 이에 트립어드바이저는 일단 사이트 이용자 수를 늘리는 데 집중했다. 회원을 확보하고 이용자를 늘리면서 여행 관련 업체들의 광고를 유치했다. 방문자 수의 증가에 따라 호텔, 항공권 등 여행객들의 관심이 높은 곳의 광고 유치는 더욱 수월해졌고 이를 통해 안정된 수익 모델을 확보하게 되었다.

한편, 기존에 실패한 유사 창업 사례를 벤치마킹함으로써 그들의 사례를 반면교사 삼아 성공한 예도 있다. 소셜 네트워크 서비스를 통해 할인 쿠폰 판매를 하는 그루폰이 대표적인 예다. 그루폰은 메르카테라는 유사 서비스 제공 업체의 실패 사례를 참고해 이들과 다른 전략으로 시장 공략에 나섰다. 그루폰이 분석한 메르카테의 실패 원인은 제품 구매까지 시간이 오래 걸린다는 점, 높은 할인율로 상품 판매를 함으로써 손해를 보는 판매자가 증가하면서 판매자들이 쿠폰 판매를 거부한다는 점, 할인율이 낮아지면서 구매자가 큰 할인 효과를 얻지 못하는 문제 등이었다. 이에 그루폰에서는 이러한 문제점을 해결한 현재의 사업 모델을 개발하며 시장의 차별화를 이뤄냈다.

그루폰의 사례는 다시 말하면 시장의 니즈를 정확하게 파악하는 것과 일맥상통한다. 그런 점에서 볼 때 기술이든 사업 모델이든 시장의 니즈와 관계없는 것은 아무 의미가 없다. 니즈에 따라 없던 서비스나 제품도 만들어질 수 있고, 기존의 서비스와 제품이 욕구에 맞게 변화해야만 살아남을 수 있다.

이처럼 기회 포착의 우수 사례로는 애드몹이 있다. 모바일 광고 서비스 업체인 애드몹이 창업하던 2006년은 모바일 광고 시장이 불모지와 같았다. 당시 온라인 광고 시장은 PC 사용자에 국한되어 있기 때문이었다. 그런데 차츰 모바일 인터넷 사용자가 늘어나면서 시장에는 서서히 모바일 광고에 대한 요구가 형성되기 시작했다. 애드몹은 이러한 변화에 착안했다. 인터넷에서 제공하던 광고 서비스의 플랫폼을 모바일로 옮겨와 모바일 광고 시장의 물꼬를 열었고 광고 서비스 사업 모델의 혁신도 도모했다. 결과는 대성공이었다.

에어비앤비 역시 변화에 민감하게 대응한 사례다. 에어비앤비는 세계적으로 여행객이 늘면서 단순히 여행지에서 보게 되는 천편일률적인 관광 상품만이 아니라 그곳에서만 느낄 수 있는 문화적 경험을 원하는 사람들이 늘어난다는 점에 착안했다. 이러한 요구를 충족시킬 방법을 고민하던 중 민박 서비스를 생각해내었고 이것이 지금의 서비스로 이어졌다. 사실 어느 곳이든 관광지마다 좋은 시설을 갖춘 민박이 많이 있지만 민박은 아는 사람만 사용하는 한정된

사진 출처 10)
에어비앤비는 본인 인증 절차를 도입해 철저한 정회원 관리 시스템을 갖추고 이를 보완하는 서비스를 추가로 업그레이드함으로써 사업 모델을 고도화해갔다.

숙박이라는 한계가 있었다. 따라서 호텔처럼 외국에 있는 잠재 고객들도 찾기 쉽고 알기 쉽도록 하는 것이 관건이었다. 에어비앤비는 이를 해결할 방법을 찾기 시작했다. 이러한 고민에서 만들어진 것이 민박 주선 서비스 플랫폼이었다.

사업 초기 '민박 주선'이라는 사업 모델은 비판을 받기도 했다. 지극히 개인적인 공간인 집의 일부를 신원이 불분명한 외국인과 공유한다는 것은 안전성을 확보하기 어려울 것이라는 의문이 있었던 것이다. 그러나 에어비앤비는 이러한 단점을 보완해나갔다. 본인 인증 절차를 도입해 철저한 정회원 관리 시스템을 갖추고 이를 보완하는 서비스를 추가로 업그레이드함으로써 사업 모델을 고도화해갔다. 사용자들의 요구사항은 그치지 않고 이어졌지만 이를 꾸준히 반영하고 대응함으로써 살아 움직이는 사업 모델을 만들어가고 있다.

::시장

펜타-매트릭스의 마지막 요소는 시장이다. 이때의 시장이란 창업자가 공략하고 진출할 시장, 즉 타깃 시장을 의미한다. 앞서 분석한 20개의 창조 창업 성공 기업의 사례를 토대로 보자면 성공 기업들은 구체적이고 명확한 시장과 타깃을 공략했다는 공통점이 있다. 또한 창업 초기 당장 공략할 시장 규모는 작아도 세계 시장을 염두에 두고 나섰다는 점, 고객과의 소통을 기반으로 그들만의 리그를 펼칠 강력한 틈새형 시장을 만들었다는 공통점이 있다.

이처럼 시장에 강점을 가진 기업의 예를 살펴보면 다음과 같다. 먼저 소셜 네트워크 서비스 제공 업체인 링크드인의 경우다. 링크드인은 창업 초기부터 전문직 종사자라는 명확한 타깃이 있었다. 이에 따라 전문직들이 서로 교류할 수 있는 장을 제공하였고, 이를 통해 많은 회원을 확보해나갔다. 또한 늘어난 회원 수를 기반으로 전문직 종사자를 대상으로 하는 구직 서비스, 기업을 대상으로 하는 구인 서비스, 광고주 대상의 광고 서비스라는 특화된 사업 모델을 개발하며 성공적인 사업을 펼칠 수 있었다.

프리미엄 자동차 서비스 제공 업체인 우버는 대중교통 이용자들의 틈새를 겨냥한 사례다. 대중교통 이용자 가운데서도 고급스러운 서비스를 받고 싶어하는 이들을 타깃으로 설정하고 개인기사와 차량을 제공하는 프리미엄 자동차 서비스를 개발했다. 창업 초기에는 시장이 크게 형성되지 않았지만, 결국 이 서비스는 세계로 확대되면서 성장해갔다. 미국에서 시작한 우버의 서비스는 현재 20개국 60개 도시에서 운영하며 성공적으로 시장을 확대해가고 있다.

온라인 의류 쇼핑몰인 아소스의 예를 보자. 아소스는 창업 초기

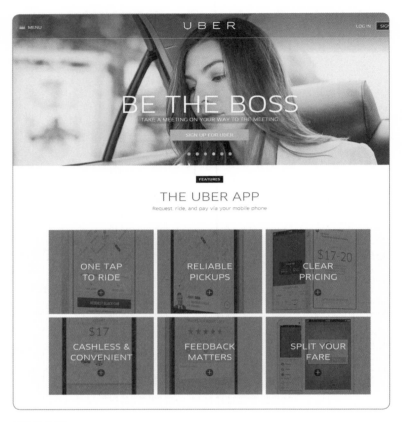

사진 출처 11)
우버는 대중교통 이용자 가운데 고급스러운 서비스를 받고 싶어하는 이들을 타깃으로 설정하고
프리미엄 카 서비스를 개발했다.

20대의 젊은 여성을 타깃으로 설정했다. 젊은 여성이라는 명확한 고

객층을 연구했고, 이들이 좋아하는 트렌디한 옷을 저렴한 가격으로

판매하는 것에 집중했다. 이러한 명확한 타깃이 의류 판매라는 평범

한 사업 모델을 성공으로 이끌었다.

　수공예품 온라인 쇼핑몰인 엣시 역시 수공예품이라는 명확한 타깃을 두고 있었다. 수공예품은 지역 시장을 중심으로 상권이 만들어진다는 특징이 있었는데, 이를 한계로 보지 않고 하나의 시장으로 인식했다. 즉, 사람들이 어떤 수공예품을 구하고자 할 때 그 제품의 생산지역에 일부러 찾아가지 않아도 살 수 있도록 인터넷 전용 오픈마켓을 개설하고 수공예품의 구매자와 판매자를 하나로 모았다. 특히 엣시는 세계 시장을 공략했다. 사실 수공예품은 지역 상품이라는 한계를 갖고 있어 해당 지역 내에서만 판매되는 한정적인 상

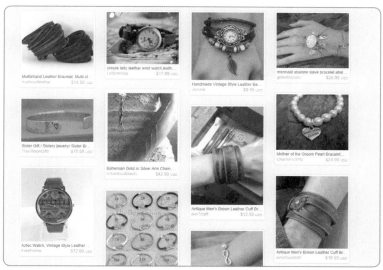

사진 출처 12)
온라인 쇼핑몰 엣시는 수공예품이라는 명확한 타깃을 두고 세계 시장을 겨냥해 만들어졌다.

품이었다. 이는 수익 창출에도 한계가 있다는 의미였다. 그러나 엣시는 이러한 문제를 글로벌로 확대하면서 해결했다. 세계 각국 수공예품 시장의 판매자들이 자유롭게 제품을 올리고 누구나 사고팔수 있도록 온라인 마켓플레이스로 운영하며 시장을 넓혀갔다. 물론엣시는 장터만을 제공하고 수공예품 판매자와 구매자가 능동적으로 참여해 운영되었다. 이로써 시장의 한계를 기회로 뒤집은 엣시의아이디어는 순식간에 세계 시장으로 퍼져 나갔다.

민박 공유 서비스 업체인 에어비앤비는 창업 초기만 해도 숙박업에서 호텔, 리조트, 개인 집에서 숙박을 원하는 사람들을 대상으로 하는 틈새시장용 서비스였다. 그러나 에어비앤비는 차츰 서비스를 온라인 마켓플레이스 형태로 운영하면서 시장을 세계로 넓혔다. 초기에는 미국을 중심으로 퍼져 나갔는데 개설한 지 5년 만에 전세계로 퍼져 나갔고 현재는 100여 개 나라 이상에서 서비스를 제공하고 있다.

디자인 가구 판매 업체인 메이드닷컴도 유사한 경우다. 일반적으로 디자인 가구는 생산량이 적고 공정이 복잡해 가격도 비싸고구매도 쉽지 않았다. 하지만 개성 있는 디자인과 나만의 가구를 가질 수 있다는 장점에 많은 이들이 디자인 가구를 원했다. 이에 메이드닷컴은 디자인 가구를 원하는 사람들을 대상으로 시장을 타깃팅하고 유통 과정을 없애서 저렴한 가격으로 제품을 공급하는 사업 모델을 만들었다. 즉, 중국 생산 공장에서 OEM[14]으로 가구를 생산하며 기존의 디자인 가구 공급 업체들보다 50% 정도 싼 가격으로 제품을 공급하도록 했다. 이후 메이드닷컴은 영국에서 시작해 유럽 각지로 사업을 확산하였고 최근에는 중국을 중심으로 아시아 지역으로도 급속하게 사업을 확장하고 있다.

고객과의 소통을 통해 시장을 발견하고 성장시킨 예로는 사운드 클라우드의 예를 들 수 있다. 사운드 클라우드는 작곡이나 작사, 연주 등 전문적으로 음악을 만드는 사람들이 음원을 공유하는 것에

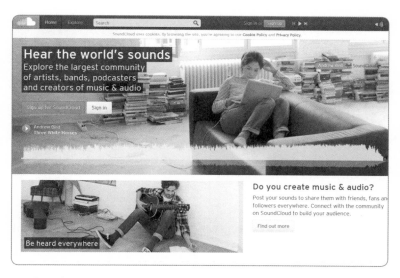

사진 출처 13)
사운드 클라우드는 작곡이나 작사, 연주 등 전문적으로 음악을 만드는 사람들이 음원을 공유하는 것에서 출발했다.

서 출발했다. 이를 중심으로 사용자가 직접 작곡한 음원을 올리면 음원에 대해서 누구나 함께 토론할 수 있는 커뮤니티로 발전했다. 음원을 들은 사람들이 음악에 대한 평을 하고 의견을 공유하며, 음원을 자신의 페이스북 등에 퍼뜨린다. 사운드 클라우드는 이런 커뮤니티 활동이 진행되는 동안 쌓이는 사용자 데이터를 마케팅에 이용함으로써 시장을 키워나갔다.

앞서 설명한 아소스나 메이드닷컴, 엣시 등도 온라인 마켓플레이스에 이뤄지는 고객과의 소통을 활용해 시장 확대로 활용한 경우다. 즉, 이들 서비스에는 제품이든 서비스든 사용자들이 자신의 경험과 후기를 올리는 장이 있고, 다른 고객이 이를 읽어보고 장단점을 판단할 수 있는 평판 커뮤니티를 조성해나갔다. 이것은 제품과 사이트를 알리는 자연스러운 마케팅이 되었다. 에어비앤비도 마찬가지 경우라 할 수 있다. 여행객이 숙박한 집에 대한 정보를 올리면 이 내용은 누구에게나 투명하게 공개된다. 이로써 공개적인 소통과 정보 검증의 효과까지 이어지면서 사이트의 신뢰도를 높여갈 수 있었다.

메이드닷컴은 디자인 가구 업체로서 오픈 플랫폼을 제공하고 판매자, 즉 디자이너와 구매자를 연결해 시장을 형성하도록 했다. 메이드닷컴의 판매 프로세스는 철저히 소통의 과정을 통해 이뤄진다. 그 과정을 살펴보면 다음과 같다. 메이드닷컴에서 판매되는 가구는 면저 디자이너들에게서 가구 디자인을 공모해 1차 선정된다. 이때 걸러진 후보 디자인을 대상으로 회원들이 공개 투표를 하여 최종 디자인을 선정한다. 선정된 이후에도 계속해서 회원들과 디자이너 간에 커뮤니티가 유지된다. 디자인의 추가 보완점을 공유하고 디자인을 재수정하는 과정을 반복하며 최종 디자인이 완성된다. 완성된 디자인이 공지되면 회원들의 주문 과정으로 넘어간다. 마지막으로 이 정보를 토대로 중국 생산 기지에서 OEM 생산이 이뤄진다. 이렇듯 메이드닷컴은 커뮤니티를 통해 메이드닷컴만의 개성 있고 합리적인 디자인을 도출하고 안정된 판매망도 확보해낼 수 있었다.

P e n t a

펜타-매트릭스의 탄생

M a t r i x

01

차별 요소가
없다면
창업하지 마라

:: 공통 요소

ADL과 매일경제TV는 비전, 파트너, 기술, 사업 모델, 시장 등 20
대 성공 기업의 핵심 성공 요소를 분석하면서 하나의 작은 법칙을
찾아냈다. 바로 성공 기업이라면 반드시 비전과 파트너란 성공 요
소를 확보하고 있다는 점이었다. 이는 링크드인, 그루폰, 드롭박스,
애드몹, 아소스, 바이두, 샤오미, 사운드 클라우드 등 20대 성공 기
업 모두에 해당되었다. ADL과 매일경제TV는 이들 두 요소인 비전
과 파트너를 창업 성공 기업의 '공통 요소(Common Factor)'라 명명

했다. 이 공통 요소는 성공 기업이 되기 위한 '절대적'인 요소가 된다. 바꿔 말하면 '갖추지 못하면 창업하지 마라'는 의미도 포함한다.

각 성공 요소가 기업들에 미친 영향을 간략하게 살펴보면 다음과 같다. 먼저 비전은 창업 초기 창업자들의 목표의식을 분명히 했고 미래 꿈과 희망을 심어주었다. 포티넷은 '콘텐츠 보안 시장을 이끌자'는 비전을 세우고 이를 달성하고자 자기노력을 아끼지 않았다. 마이띵스도 '투명한 고객 맞춤 솔루션 광고를 지향한다'는 비전을 세웠고, 팔란티어 테크놀러지는 '세계를 우리의 기술로 바꾸자'는 거창한 비전을 만들었다. 아소스도 마찬가지였다. 아소스는 '값싼 예쁜 옷을 전 세계에 공급한다'는 비전 아래 전 임직원이 한마음 한뜻으로 똘똘 뭉쳤다. 이처럼 20개 성공 기업 모두 분명한 비전을 세웠고 이를 달성하고자 최대한 노력했다.

파트너 또한 20개 성공 기업이 모두 보유한 성공 요소였다. 이때의 파트너란 나의 부족한 부분을 채워줄 수 있는 상대를 말한다. 모바일 광고 회사인 애드몹은 창업 초기 마케팅 전문가 러셀 버클리를 영입하며 애드몹을 세계적인 모바일 광고 회사로 성장시켰다. 바이두는 영업 파트너로 리앤훙을 영입해 자금 유치에 성공했다. 그밖에 그루폰은 할인쿠폰 아이디어로 10억 원을 유치한 데 이어 사업 초기 벤처 투자자들로부터 50억 원에 달하는 투자 자금을 추가 유치했다. 벤처 투자자들이 그루폰의 가장 든든한 파트너였다. 아소소는 사업 초기 웹 개발자, 마케터, 운영자 등 4명이 파트너로 합류했다. 이들은 웹을 정확히 읽고 이해했으며 사업 초기 사업 안정화에 지대한 영향을 미쳤다. 이처럼 파트너는 성공 기업을 이야기하면 어김없이 거론되는 공통 요소였다.

: : 차별 요소

ADL과 매일경제TV는 또한 성공 기업 간에 보이는 차별적인 요소도 찾아냈다. 차별 요소는 비전과 파트너처럼 절대적이지는 않았지만 각 기업의 특성에 따라 창업의 유형을 결정짓고 성공을 이끄는 요소로 작용했다. 이는 바로 기술, 사업 모델, 시장 등이었다. 특히 세 요소의 특징에서 주목할 만한 것은 '다르다' 혹은 '차별적이다'는 특징이었다. 그리고 다르거나 차별적이란 것은 성공 유형을 구분할 수 있다는 뜻도 되었다. 즉, '차별적인 기술'이 성공의 핵심 요소로 작용한 기업도 있고 '남다른 사업 모델'이 혁신적인 기업도 있으며 '틈새시장'을 잘 공략해 성공한 기업도 있었다. 그리고 다섯 가지 성공 요소를 두루두루 갖춘 기업도 존재했다. 이렇게 기업마다 다르게 차별적으로 적용된 성공 요소를 앞서 정의한 공통 요소와 구분해 '차별 요소(Differential Factor)'라 명명했다.

차별 요소에서 특징을 보이는 기업을 살펴보자. 반도체 칩 설계 업체 ARM은 독자적인 반도체 설계 기술을 근간으로 성공했다. IT 보안 소프트 업체인 체크포인트는 사설망이나 공공망 간의 보안을 책임지는 방화벽 기술을 보유했다. 이처럼 기술이 성공을 견인하고 비전이나 파트너는 성공의 기본 요소로 작용했다. 또, 혁신적인 사업 모델이 성공을 앞당긴 경우도 많았다. 에어비앤비는 민박을 공유하자는 사업 모델을 내세웠다. 사업 초기만 해도 사람들은 서로 모르는 사람들끼리 민가의 빈방을 서로 빌리고 빌려줄 것인지 의심했다. 그러나 창업자인 브라이언 체스키는 신뢰만 전제된다면 가능하다는 확신을 갖고 사업을 추진했다. 세간의 불안한 시선을 잠재우기 위해 빈방 주인과 여행객 모두 철저한 인증절차를 거쳐 검증하도록 했고 이것이 성공하는 지름길이 되었다. 이는 바이두도 마찬가지였다. 창업 당시만 해도 시장에는 검색 엔진 서비스를 제공하는 회사가 이미 많았다. 그러나 중국인의 입맛에 맞는 검색 엔진은 존재하지 않았다. 리옌훙(Robin Li)과 에릭 쑤(Eric Xu) 공동 창업자는 바로 이 부분에 집중했다.

틈새시장을 잘 개척해 성공한 기업들도 많았다. 아소스는 사업 초기, 감각 있는 젊은 층의 패션 리더를 대상으로 삼고 아소스만의 틈새시장을 개척해내었다. 엣시는 수공예품을 전문으로 하는 오픈 마켓을 시작했고 링크드인은 전문직 종사자들을 대상으로 한 소셜 네트워크 서비스를 통해 자신만의 공략시장을 찾았다.

다섯 가지 성공 요소를 두루두루 갖춘 기업도 있었다. 샤오미와 테슬라는 공통 요소인 비전과 파트너는 말할 것도 없고, 기술, 사업 모델, 시장 등 차별 요소도 업종 평균 이상 보유했으며 모든 요소를 표준형으로 갖추었다.

: : 네 가지 성공 유형

ADL과 매일경제TV는 지금까지 설명한 20개 성공 기업이 보유한 공통 요소와 차별 요소를 토대로 이들 기업의 성공 유형을 분류해보았다. 분석 결과 공통 요소인 비전과 파트너는 모든 기업이 보유했지만, 차별 요소인 기술, 사업 모델, 시장 등은 말 그대로 각각 기업의 특징에 따라 차별적으로 보유하고 있음을 알 수 있었다. 바로 이 점에 집중해 기업들의 차별 요소를 심층적으로 연구했다. 그 결과 비전과 파트너를 근간으로 기술이 강한 기업, 사업 모델이 혁신적인 기업, 틈새시장을 잘 개척한 기업 그리고 각 요소를 두루두루 갖춘 기업 등 네 가지 유형으로 나뉘었다. 이에 대한 자세한 설명은 다음 장에서 이어가도록 하자.

02

스파이더
맵
분석

: : 성공 요소 수치화

먼저, 앞서 도출한 네 가지 유형에 맞춰 20개 성공 기업을 재분류하고 분석하는 과정은 다음과 같았다. 일차적으로 20개 성공 기업마다 각각 이들이 보유한 다섯 가지 성공 요소를 8점 척도로 수치화했다. 그 결과 기술형인 드롭박스는 비전 8점, 파트너 6점, 기술 8점, 사업 모델 4점, 시장 4점 등을 획득했다. 차별 요소 가운데 기술이 8점 만점을 기록하며 기술형 창업으로 분류되었다. 혁신형인 트위터는 비전 8점, 파트너 8점, 기술 4점, 사업 모델 8점, 시장 4점 등을 기록했으며 역시 차별 요소인 사업 모델에서 8점 만점을 기록했다. 틈새형인 우버는 비전 6점, 파트너 8점, 기술 4점, 사업 모델 4점, 시장 8점 등을 보였으며 차별 요소인 틈새시장 개척이 8점 만점을 받았다. 마지막으로 표준형인 샤오미는 비전 6.5점, 파트너 6.5점, 기술 6.5점, 사업 모델 6.5점, 시장 6.5점 등 다섯 가지 모든 영역

20대 성공 기업 성공 요소별 점수표

구분	비전	파트너	기술	사업 모델	시장
ARM	8	6	8	6	4
체크포인트	8	8	8	4	4
드롭박스	8	6	8	4	4
포티넷	8	6	8	4	4
마이띵스	8	8	8	4	4
팔랜티어 테크놀러지	8	8	8	6	4
애드몹	8	8	4	8	4
에어비앤비	8	8	4	8	4
바이두	8	8	4	8	4
그루폰	6	8	4	8	4
트립어드바이저	8	6	4	8	4
트위터	8	8	4	8	4
아소스	8	6	4	4	8
엣시	8	8	4	6	8
링크드인	8	6	4	6	8
메이드닷컴	8	8	4	6	8
사운드클라우드	8	6	6	4	8
우버	6	8	4	4	8
샤오미	6.5	6.5	6.5	6.5	6.5
테슬라	6.5	6.5	6.5	6.5	6.5

에서 고루 점수를 받았다.

앞의 도표를 보면 공통 요소인 비전과 파트너는 20개 기업 모두 높은 점수를 받았음을 알 수 있다. 그러나 차별 요소인 기술, 사업 모델, 시장 등 세 부문은 기업별로 달랐다. 이에 각 기업의 점수 분포도를 거미줄 분석 도구인 '스파이더 맵(Spider Map)'을 활용해 좀 더 구체적으로 분석해보았으며 결과는 다음과 같았다.

: : 스파이더 맵 분석

20개 성공 기업의 다섯 가지 성공 요소별 점수를 스파이더 맵 위에 그려보면 기술형, 혁신형, 틈새형, 표준형 등 유형에 따라 다음과 같이 각각 특징적인 오각형을 보이게 된다. 이를 기업별 사례로 살펴보면 다음과 같다.

스파이더 맵 분석도

체크포인트의 스파이더 맵 분석도 – 기술형

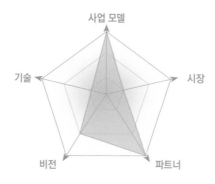

그루폰의 스파이더 맵 분석도 – 혁신형

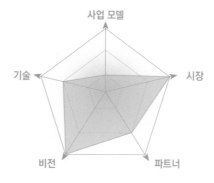

스파이더 맵 분석도

우버의 스파이더 맵 분석도 – 틈새형

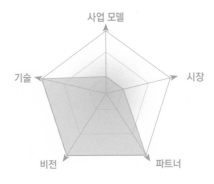

샤오미의 스파이더 맵 분석도 – 표준형

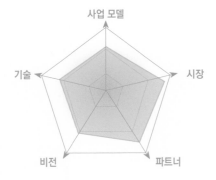

세계를 사로잡은 그들은 시작부터 달랐다

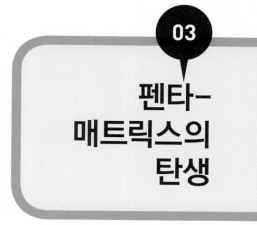

03

펜타-
매트릭스의
탄생

: : 군집 분석

앞서 살펴본 것처럼 20개 성공 기업은 '스파이더 맵' 분석에 따라
네 가지 유형으로 구분되었고 이들 기업을 유형별로 비슷한 유형끼
리 묶어 각각 군집에 이름을 명명했다.

첫 번째, 체크포인트처럼 기술이 핵심 성공 요소로 작용한 기업
을 기술형 창업 기업 '테크니션'이라 명명했다. 체크포인트를 포함한
ARM, 드롭박스, 마이핑스, 포티넷, 팔랜티어 테크놀러지 등 모두 6
개 기업이 기술형 창업 기업 테크니션에 해당된다. 국내 기업은 나노

기술형 창업 기업 '테크니션(Technician)'

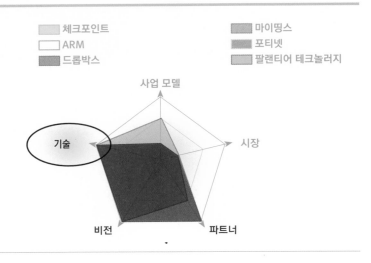

혁신형 창업 기업 '이노베이터(Innovator)'

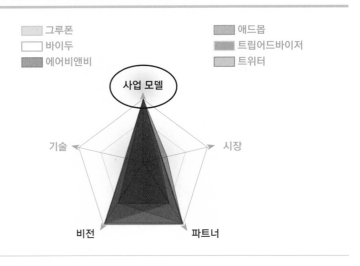

세계를 사로잡은 그들은 시작부터 달랐다

기술과 광 디자인 기술을 기반으로 한 크루셜텍이 있다.

두 번째, 그루폰처럼 사업 모델이 핵심 성공 요소로 작용한 기업을 혁신형 창업 기업 '이노베이터'라 명명했다. 혁신형 창업 기업 이노베이터는 그루폰을 비롯한 애드몹, 에어비앤비, 바이두, 트립어드바이저, 트위터 등 6개 기업이다. 국내 기업은 NHN이 있다.

세 번째는 우버처럼 시장이 핵심 성공 요소로 작용한 기업을 틈새형 창업 기업 '포지셔너'라고 명명했다. 틈새형 창업 기업 포지셔너는 우버를 비롯한 링크드인, 아소스, 엣시, 메이드닷컴, 사운드클라우드 등 6개 기업이 있다. 국내 기업은 골프존이 있다.

틈새형 창업 기업 '포지셔너(Positioner)'

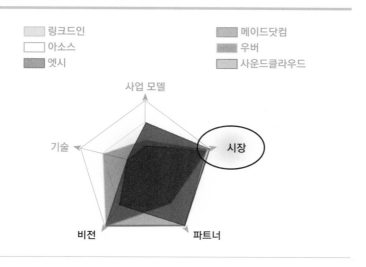

표준형 창업 기업 '스탠다드(Standard)'

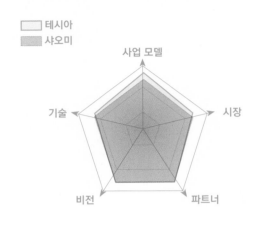

마지막으로 샤오미처럼 다섯 가지 성공 요소 모두 두루 갖춘 기업을 표준형 창업 기업 '스탠다드'라고 명명했다. 표준형 창업 기업 스탠다드는 샤오미를 포함한 테슬라 등 2개 기업이 있다. 국내 기업은 카카오톡이 있다.

: : 펜타-매트릭스의 탄생

위와 같이 20대 성공 기업의 핵심 성공 요소를 8점 척도로 수치화하고 이를 스파이더 맵 위에 그려 네 가지 성공 유형을 도출하는 분석 도구를 '펜타-매트릭스(Penta-Matrix)'라고 명명해보았다. 펜타-매트릭스는 비전, 파트너, 기술, 사업 모델, 시장 등 5대 핵심 요인을 기반으로 성공 유형을 판별하는 '분석 도구(Analysis Tool)' 임과 동시에 성공 유형을 토대로 기업의 새로운 성장을 이끌어내는 '혁신 도구(Innovation Tool)'다.

먼저 성공 유형 분석 도구로서의 펜타-매트릭스를 살펴보자. 앞서 도출한 다섯 가지 성공 요소를 '집중도 중심'으로 각각 점수를 환산하고 이를 오각형의 펜타-매트릭스 위에 올리면 점수 분포에 따라 네 가지 성공 유형이 나타난다. 기술형(Technician), 혁신형(In-novator), 틈새형(Positioner), 표준형(Standard) 등이 그것이다. 기술형 기업은 기술에 강점이 있으며 혁신형 기업은 사업 모델이 강하고 틈새형 기업은 시장 위치가 탁월하며 표준형 기업은 다섯 가지 요소를 표준으로 갖추고 있다.

다음 혁신 도구로서의 펜타-매트릭스를 보자. 혁신 도구인 펜타-매트릭스는 네 가지 성공 유형을 근간으로 한다. 기술형은 사업 모델이나 시장을 더 강화할 필요가 있으며 혁신형은 기술이나 시장을, 틈새형은 기술과 사업 모델을, 표준형은 모든 부분에서 고도화할 필요가 있다는 뜻이다.

이처럼 펜타-매트릭스는 분명 성공 유형을 찾아내는 분석 도구인 동시에 새로운 성장을 이끄는 혁신 도구다. 다음 장에서 20개 성공 기업의 사례를 통해 펜타-매트릭스를 더욱 정확히 이해하고 그 활용법을 살펴보도록 하자.

P   e   n   t   a

4가지 창조 창업 성공 유형

M   a   t   r   i   x

01

4가지
성공
유형

: : 팁스(TIPS)

펜타-매트릭스의 도출 과정을 다시 한 번 정리해보도록 하자. 성
공 기업의 핵심 요소를 8점 척도로 수치화하고 이를 스파이더 맵
위에 그려 네 가지 성공 유형을 도출하는 일련의 유기적인 결합체
를 '펜타-매트릭스(Penta-Matrix)'라고 명명했다. 이때, 분석된 네 가
지 유형은 기술형 창업 기업인 테크니션, 혁신형 창업 기업인 이노
베이터, 틈새형 창업 기업인 포지셔너, 5대 요소를 두루두루 갖춘
표준형 창업 기업인 스탠다드 등으로 정의했다. '팁스(TIPS)'는 이러

펜타-매트릭스 모델

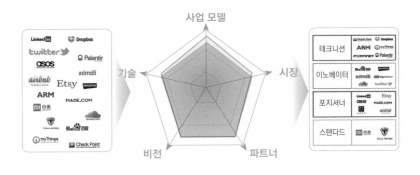

한 네 가지 성공 유형을 각 군집별 이름의 영문 첫 글자를 따서 명명한 것이다.

: : 4대 유형별 특징

각 유형에 대한 특징을 다시 한 번 살펴보도록 하자.

첫 번째 유형인 기술형 창조 창업, 테크니션은 말 그대로 다른 성공 요소에 비해 기술 부분에서 높은 평가를 받은 유형이다. 이 유형들은 독자적인 기술에 기반을 둔 제품 또는 서비스를 개발해 사업에 성공한 경우로, 이 책에서 분류한 20개 성공 기업 가운데에서는

4대 유형별 특징

성공 유형	영업 종목	성공 요소				
		비전(V)	파트너(P)	기술(T)	사업 모델 (BM)	시장(M)
테크니션	"독자적인 기술에 기반한 제품 및 서비스 제공"	∨	∨	∨ ∨	∨	∨
이노베이터	"차별화된 사업 모델을 기반으로 제품 및 서비스 제공"	∨	∨	∨	∨ ∨	∨
포지셔너	"전략적인 고객 타깃팅을 기반으로 시장 공략"	∨	∨	∨	∨	∨ ∨
스탠다드	"독자 기술과 차별화된 사업 모델로 특정 고객층 대상 제품 및 서비스 제공"	∨	∨	∨	∨	∨

ARM, 체크포인트, 드롭박스, 포티넷, 마이띵스, 팔랜티어 테크놀러지 등 6개 기업이 이 유형에 속했다.

두 번째 유형인 혁신형 창조 창업, 이노베이터는 독특하고 기발한 사업 모델을 통해 사업에 성공한 유형이다. 여기에는 애드몹, 에어비앤비, 바이두, 그루폰, 트립어드바이저, 트위터 등 6개 기업이 해당한다.

세 번째 유형인 틈새형 창조 창업, 포지셔너는 시장 또는 고객에 대한 전략적인 타깃팅을 기반으로 사업에 성공한 유형이다. 아소스,

엣시, 링크드인, 메이드닷컴, 사운드클라우드, 우버 등 6개 기업이 틈새형에 해당한다.

마지막으로 표준형 창조 창업, 스탠다드는 기술, 사업 모델, 시장 세 가지 관점에서 모두 일정 수준의 역량을 보유하고 이를 기반으로 사업에 성공한 유형이다. 여기에는 중국의 샤오미와 미국의 테슬라가 해당되었다. 각 유형에 대한 자세한 설명은 다음 장에서 이어가도록 하자.

02

테크니션
_기술형
창업

: : 테크니션의 정의

테크니션 유형은 앞서 설명한 대로 펜타-매트릭스의 구성 요소 가운데 비전과 파트너를 일정 수준 이상 충족하며 특히 기술에 강점을 보인 창업 유형을 말한다. 기술에 강점이 있는 만큼 기술형 창업 기업들은 독자적인 기술을 바탕으로 사업 모델과 시장을 발굴해 나갔다는 공통점이 있다. 여기서 말하는 독자적인 기술이란 '특허로써 보호된 기술 내지는 창업 당시에는 시장에 존재하지 않던 기술을 선도적으로 개발해 시장을 이끌게 되는 기술'을 의미한다. 덧붙

'테크니션' 펜타-매트릭스 모델

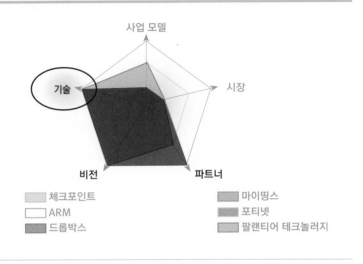

여서 반드시 기업이 새롭게 개발한 기술뿐만 아니라 기존의 기술을 융합함으로써 새로운 형태의 기술로 만들어내는 것까지 포함한다.

이 책에서 소개한 20개의 표본 기업 가운데 기술형 창업으로 분류되는 기업으로는 ARM, 체크포인트(Check Point), 드롭박스(Dropbox), 포티넷(Fortinet), 마이띵스(Mythings), 팔랜티어 테크놀러지(Palantir Technologies) 등 6개 기업이다. 이 밖에 국내 기업 가운데에서 테크니션 유형으로 분류해볼 수 있는 기업은 크루셜텍이 있다. 각각의 사례를 살펴보자.

: : ARM

사진 출처 14)
저전력 프로세서 기반의 반도체 칩 설계 기업 ARM

ARM은 1990년 로빈 삭스비(Robin Saxby) 등 12명의 엔지니어
가 설립한 영국 기업이다. 창업 이후 고속성장을 이루면서 2012년,
개발 인력만 1,652명, 전체 인력 2,392명이 종사하며 5억 7,700만
파운드의 연매출을 올리는 거대기업으로 성장했다. 획기적인 성공
을 거둔 ARM의 비결은 물론 독자적으로 확보한 저전력 프로세서
기반의 반도체 칩 설계 기술 덕분이라 할 수 있다.

기업 소개

창립자	• Robin Saxby, Mike Muller, Tudor Brown 등 총 12명의 엔지니어
설립일	• 1990. 11
사업 영역	• 저전력 프로세서 기반의 반도체 칩 설계
자금 조달	✔ Self VC Gov. ✔ Company
인력	• 2,392명(2012년 기준) – R&D 1,652명, 그 외 740명

ARM의 성공비결을 펜타-매트릭스 관점에서 분석해보면 다음과 같다.

펜타-매트릭스 분석

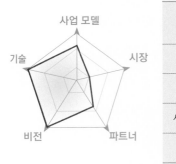

성공 요인별 설명

비전	• ARM 기술을 기반으로 생산되는 반도체로 ARM과 관련된 모든 기업의 성장을 돕는다.
파트너	• 사업 초기, 애플에서 투자 유치
기술	• 저전력 고성능 반도체 설계 기술 보유
사업 모델	• 마이크로프로세서 기반의 반도체 핵심 기술 개발 및 지적 재산권 공급
시장	• 반도체가 필요한 모든 영역을 타깃으로 함

먼저 ARM의 비전은 'ARM의 기술을 기반으로 생산되는 반도체, ARM과 관련된 모든 기업의 성장을 돕는다(Value chain/Eco-system with support and products based on ARM's technology)'는 것이었다. 다시 말해 이들의 반도체 설계 기술이 단지 단말기 제조에서만이 아니라 반도체 칩과 관련된 모든 영역에 다 쓰이도록 함으로써 반도체 생태계 전반을 지원하겠다는 것이었다. 이러한 ARM의 비전을 이해하기 위해서는 이른바 오픈 이노베이션, 즉 개방형 혁신을 이해해야 한다. 기술 혁신의 속도가 빨라지고 경쟁이 치열해지면서 기업들은 개방형 혁신을 통해 외부 지식을 도입해 내부 지식과 결합해서 새로운 제품과 서비스를 창출해내고 있다. 이는 특히 기술 혁신 속도가 빨라야 하는 반도체 산업에서 두드러지기 시작했다. 즉, 이미 개발되고 검증이 완료된 외부 IP(Intellectual Property, 설계 자산) 업체의 반도체 설계 자산을 도입해서 반도체의 설계나 개발, 설계 검증에 소요되는 시간을 단축할 수 있었다. ARM은 이러한 변화를 미리 감지하고 설계 자산(IP, Intellectual Property)만을 제공하는 반도체 IP업체(Chipless)로서 시장에 진출했으며 단연 IP업체의 대표 기업으로 성장할 수 있었다.

ARM은 창업 초기부터 독자적인 기술력뿐만 아니라 매우 강력한 파트너도 확보했다. 창업 초기, 애플의 투자를 통해 재무적인 역량과 판매처를 동시에 확보한 것이 사업 성공에 매우 주요한 영향을 미쳤다.

ARM의 사업 모델은 칩 설계 기술을 지적재산권화해서 칩을 만드는 메뉴팩처러, 즉 휴대전화 단말기 제조 업체 등에 설계를 제공하고 수수료를 받는 단순한 형태였지만 제조 업체들의 기술 확보 시간을 단축시킨다는 효과 덕분에 빠르게 시장의 호응을 얻을 수 있었다.

특히, 모바일 시장에서는 ARM과 같은 다양한 팹리스(Fabless, 반도체 제조 공정 중 하드웨어 소자의 설계와 판매만을 전문으로 하는 회사)가 IP(표준·핵심 지식)를 라이선스하고, 여기에 모바일 업체들이 보유한 다양한 보완적 지식을 결합해 모바일 프로세서를 디자인하는 통합 설계 방식이 매우 보편적이다. 이렇게 해서 완성된 설계를 외부의 다양한 반도체 칩 제조 공장에 의뢰해서 제조하고 최종적으로 모바일 업체의 브랜드를 달고 판매하는 식이다. 따라서 이동통신

사업 모델

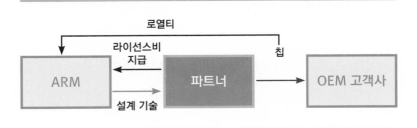

기술이 급격하게 변화하고 수요가 다양한 모바일 시장에서는 ARM
의 모듈형 방식을 바탕으로 한 IP 라이선스가 매우 큰 호응을 얻고
있다. 결과적으로 ARM은 이러한 기술 특화형 사업을 통해 경쟁력
을 갖추고 동종업계 시장 점유율 1위를 차지하고 있다. 스마트폰과
태블릿 시장에서는 95%의 점유율을 보이고 있으며, 이 밖에 다른
기기에서 차지하는 시장 점유율을 모두 합하면 평균 32%의 점유율
을 기록하고 있다.

　　ARM은 다음의 그림에서 보듯 지속해서 시장의 트렌드를 읽고

사진 출처 15)
모바일 시장에서 ARM의 모듈형(modular) 방식을 바탕으로 한 IP 라이선스는 매우 큰 호응
을 얻고 있다.

이에 걸맞은 기술을 개발해 내놓았다. 오픈 이노베이션, 즉 개방형 혁신을 채택한 기업들의 니즈와 발맞춰 ARM의 기술은 더욱 발전하고 주가를 올릴 수 있었다. 초기 ARM의 기술이 적용된 휴대전화 단말기 이외에도 다양하게 발전해가는 모바일 기기에 맞춰 시장성 있는 기술을 개발해 나갔다.

더 나아가 ARM은 사물 간 인터넷 산업을 활성화하면서 오픈 이노베이션 기법을 강화했다. 스마트폰에 이어 차세대 기술로 주목받고 있는 사물 간 인터넷(Internet of Things, IoT)은 생활 속의 사물들을 네트워크로 연결해 정보를 공유하는 지능형 서비스이다.

시장 트렌드에 부합하는 기술을 개발하라

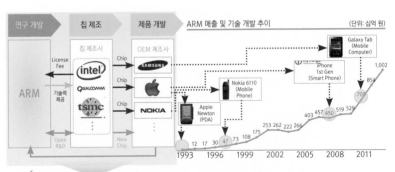

✔️오픈 이노베이션(개방형 혁신)을 통해 기업과 지속적 사업화 연계 기술 개발 실행

매출실적 출처:Media Research, Annual Report, ADL Analysis

ARM은 IoT사업 강화를 위해 센시노드를 인수했고, 엠베드(MBED) 프로젝트를 출범시켰다. 엠베드 프로젝트에는 많은 반도체 업체와 모듈 업체 등이 참여하고 있다. ARM은 이렇게 지속해서 시장성 있는 기술을 확보하며 시장을 선도하고 발전해가고 있다.

: : 체크포인트(Check Point)

체크포인트는 1993년, 길 슈웨드(Gil Shwed) 등 이스라엘 엔지니어들이 창업한 기업이다. 사설망과 공공망 간의 보안을 책임지는 방화벽(Firewall) 기술을 보유하고 있으며, 창업 후 2년 만에 110억 원의 첫 매출을 올린 이후 3년 만에 약 8.5배 성장하며 놀라운 성장세를 기록했다. 또한 2012년 기준으로 1조 4,200억 원가량의 매출을 올렸다.

체크포인트는 이스라엘에서 태동한 기업이지만 창업 초기부터 세계 시장을 겨냥해 영업을 펼쳤으며 미국의 대형 기업을 타깃으로 초기 시장을 선점해갔다. 이 덕분에 창업 후 3년 만에 시장 점유율 40%를 차지하는 독보적인 보안 솔루션 업체로 성장할 수 있었다. 이후 IT 관련 분야에서 시스코(SISCO) 등과 3대 글로벌 기업으로 꼽히며 1, 2위를 다투는 거대 기업으로 올라섰다. 현재 총 1,400여 명의

사진 출처 16)
보안 솔루션 기업, 체크포인트

매출 성장 추이

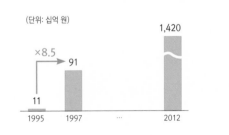

(단위: 십억 원)

×8.5

11 (1995)
91 (1997)
...
1,420 (2012)

**첫 매출 발생 후
3년 만에 약 8.5배 성장**

세계를 사로잡은 그들은 시작부터 달랐다

직원을 보유하고 있으며, 이 가운데 R&D 관련 인력만 965명에 달할 정도로 기술 개발에 집중된 기업이다.

또한 보안 솔루션의 일반 명사로 쓰이고 있는 방화벽(Firewall)이라는 단어는 원래 체크포인트의 제품명이었다. 시장에 처음 내놓은 보안 솔루션 방화벽이 하나의 기준점이 되면서 체크포인트는 선도 기업으로 자리를 잡게 되었다. 더 나아가서 현재는 방화벽에 국한되지 않는 'IT 네트워크 보호 솔루션 시장' 전체에서 두각을 나타내고 있다.

체크포인트의 성공 요소를 펜타-매트릭스를 통해 살펴보도록 하자.

펜타-매트릭스 분석	**성공 요인별 설명**	

비전	•보안의 모든 영역에서 강력한 보안 서비스를 제공한다.
파트너	•BRM으로부터 30만 달러 투자 확보
기술	•상황고려 검사 기술(Statefull Inspection Technology) 개발을 통해 방화벽 분야 개척
사업 모델	•기업, 개인 모두에게 방화벽이라는 보안 솔루션 제공
시장	•인터넷을 사용하는 모든 기업, 학교, 개인 대상

먼저 창업 당시 체크포인트의 비전은 '보안의 모든 영역에서 강력한 보안 서비스를 제공하자(Check Point 3D Security, Combines policies, people and enforcement for stronger protection across all layer of security)'는 것이었다. 보안 시장의 개념조차 형성되어 있지 않은 상황이었지만 그럼에도 각오만큼은 매우 강력했다.

파트너 측면에서 보면 체크포인트는 사업 초기 든든한 재무 파트너를 확보하고 있었다. 벤처 캐피털인 BRM을 통해 30만 달러의 투자를 확보하며 비교적 안정적으로 사업 론칭에 성공했다. 하지만 문제는 론칭 이후였다. 창업 당시는 인터넷 사용이 활발하지 않던 시기였고 방화벽에 대한 수요도 거의 형성되어 있지 않았다. 바꿔 말해 시장조차 없는 제품을 팔려고 했던 셈이었다. 그러다 보니 당장 사업화를 기대하기란 어려웠다.

그러나 체크포인트는 처음의 비전을 꾸준히 지켜가며 시장이 만들어지기를 기다렸다. 2년의 기다림 끝에 드디어 첫 매출을 올릴 수 있었고, 고비를 넘기자 시장은 빠르게 커졌으며 체크포인트의 성장속도도 가파르게 올라갔다. 보안 시장이라는 개념조차 체크포인트의 제품과 기술력을 통해 만들어진 것이었으므로 초기에는 경쟁자조차 없을 정도였다.

체크포인트가 확보하고 있던 방화벽 기술은 스테이트풀 인스펙션(Stateful Inspection) 기술로, 이는 전송되는 실제 데이터를 조사

체크포인트의 방화벽 기술 방식

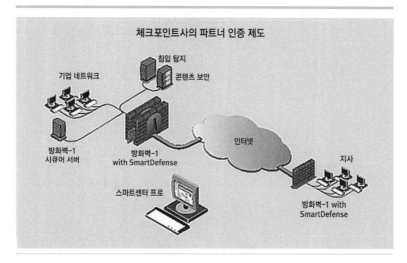

사진 출처 17)
보안 시장이라는 개념조차 체크포인트의 제품과 기술력을 통해 만들어진 것이었으므로 초기에는 경쟁자조차 없을 정도였다.

하고 해석해서 적용하는 '상황 고려 검사 기술'이다. 이는 패킷 필터링(Packet Filtering), 애플리케이션 게이트웨이(Application Gateway) 방식, 딥 패킷 인스펙션(Deep Packet Inspection) 등의 기술에 비해 보안 시장에서 세련된 방식으로 인정받는 기술이다. 이러한 기술력으로 체크포인트는 큰 어려움 없이 벤처 캐피털의 지원도 받을 수 있었다. 특히 이들 재무 파트너와는 장기적인 관계 유지를 통해 지속성장의 기반을 만들어내었다.

다음의 그림에서 보듯 체크포인트는 벤처 캐피털인 BRM과 매우 긴 시간 동안 파트너십을 유지해 나갔다. 창업 초기 BRM은 체크포인트 주식의 49%를 보유한 대주주로서 자금 지원만이 아니라 창업에 필요한 회계나 법률, 행정 서비스, 앞으로 사업 모델을 어떻게 가져가야 할지, 마케팅을 어떻게 해야 하는지에 대해 자문 역할을 해주었다.

BRM의 연도별 지분율 변화 추이

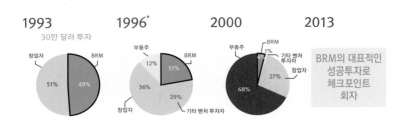

* Post-IPO Source:Annual Report, Stanford Business School, Media Research, ADL Analysis

이후 1996년 IPO(기업 공개)[15]를 한 직후에도 BRM은 체크포인트의 지분율을 22%대로 유지하며 파트너십을 지켰다. 이뿐만 아니라 BRM의 창립자였던 니르 바캇(Nir Barkat)은 후에 체크포인트의 이사회 의장으로 4년간 역임하면서 더욱 직접적이고 적극적인 지원에 나섰다. 그가 보유한 산업에 대한 이해나 경험을 전수함으로써 체크포인트가 안정적이며 중장기적으로 성공할 수 있는 기반을 마련해주었다.

BRM은 체크포인트가 기업 공개를 하고 4년이 지난 2000년까지도 4%대의 지분율을 유지했다. 이는 다른 벤처 캐피털이 1% 미만의 지분율을 보유한 것과 비교해 크게 대비되는 모습이었다. 당시세 곳의 벤처 캐피털이 보유한 지분율 전체가 1% 미만이었는데도 BRM은 4%의 지분율을 유지하며 돈독한 관계를 지켜나갔다. 이러한 BRM의 파트너십은 시장에서 체크포인트의 투자 가치를 높여주는 지원군의 역할도 했다. 물론 현재 BRM의 지분은 거의 남아 있지 않지만 BRM 웹사이트에서는 체크포인트를 대표적인 성공 투자 스

사업 모델

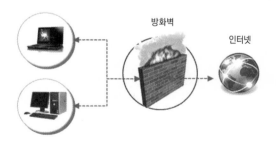

인터넷 등의 공중망으로부터 사설망을 보호하는 시스템인 방화벽 솔루션 제공

토리로 표현하며 회자하고 있을 정도다.

사실 체크포인트의 사업 모델은 비교적 단순 명료했다. 기업과 개인 모두에게 방화벽이라는 보안 솔루션을 제공한다는 것이었으며 시장의 타깃 역시 특정 대상이기보다는 인터넷을 사용하는 모든 기업, 학교, 개인을 대상으로 했다.

바꿔 말해 제품의 단순 판매 이상도 이하도 아니었지만 그만큼 기술력에 자신이 있기 때문에 사업 모델과 시장 확보에 큰 어려움이 없었다.

이처럼 체크포인트는 탁월한 기술력에 힘입어 미국의 시장 조사 기관 가트너가 선정하는 네트워크 방화벽 분야 1위를 16년 연속 차지했다. 탁월한 기술력으로 다양한 기능을 제공하면서 생기는 속도 저하 문제도 해결했고, 고객들이 특정 기능만을 선택할 수 있도록 개선해 비용 부담을 줄인 덕분이었다.

:: 드롭박스(Dropbox)

드롭박스는 2007년 6월, 드류 휴스톤과 아라시 페레도시가 창업했다. 클라우드[16]를 활용한 파일 공유 서비스 제공 업체로, 2008년 9월 서비스를 론칭한 이후 4년 만에 1억 명의 사용자를 돌파할

사진 출처 18)
클라우드를 활용한 파일 공유 서비스 제공 업체, 드롭박스

연도별 사용자 수 증가추이

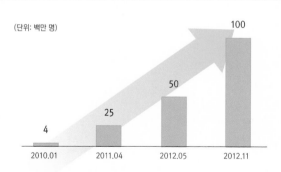

(단위: 백만 명)

100

50

25

4

2010.01   2011.04   2012.05   2012.11

2008년 9월 서비스 시작 이후 4년 만에 1억 명의 사용자 돌파

정도로 빠르게 성장하고 있다. 2명의 창업자로 시작했지만, 현재는 453명의 구성원을 보유하고 있고 이 가운데 엔지니어만 146명에 달한다.

테크니션 유형인 만큼 드롭박스는 기술 부문에서 특화된 강점을 지니고 있다. 드롭박스의 서비스는 클라우딩 컴퓨팅을 이용해서 웹상에서 파일을 동기화시켜서 공유하도록 하는 것인데, 컴퓨터, 모바일, 태블릿PC 등 기기의 유형에 상관없이 웹을 사용할 수 있으면 자동으로 파일을 공유할 수 있다. 기술적으로 강점을 가진 서비스이지만 특히 이들의 서비스는 시장에 전혀 없던 새로운 기술이 아니라 기존에 있던 클라우드 컴퓨팅 기술과 동기화 기술을 접목해 새로운 개념의 서비스를 개발했다는 점에서 의미가 있다.

펜타-매트릭스 분석	성공 요인별 설명	
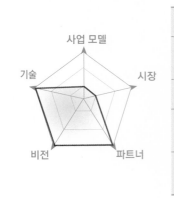	비전	• 사람들의 디지털 라이프에서 우리가 중심이 되어보자
	파트너	• Y Combinator, Sequoia Capital 등 유명 벤처 캐피털로부터 750만 달러 투자 확보
	기술	• 클라우드 컴퓨팅과 동기화 기술을 활용한 파일 공유 서비스
	사업 모델	• 서비스 이용 회원가입 • 2GB 무료 제공하며 2GB 이상 유료 제공
	시장	• 대용량 파일 동기화 공유가 필요한 기업이 주요 유료 고객이나 무료 서비스를 포함하고 있어 특정 타깃 없음

드롭박스의 성공 요소를 펜타-매트릭스 관점에서 분석해보면 다음과 같다.

먼저 드롭박스의 비전은 '사람들의 디지털 라이프에서 우리가 중심이 되어보자(Center of everyone's digital life)'는 것이었다. 창업 초기에 와이 콤비네이터(Y Combinator), 세콰이어 캐피털(Sequoia Capital) 등의 유명 벤처 캐피털을 통해 750만 달러의 투자금을 확보하며 든든한 재무파트너를 확보하고 순항하기 시작했다.

초기에는 드롭박스의 비전과 서비스에 대해 기존에 이미 나와 있는 웹하드와 유사한 기능이 아니냐는 부정적인 시선이 있기도 했다. 그러나 드롭박스는 이에 굴하지 않고 그들의 서비스가 기존 웹하드 서비스와 어떻게 다른지 기술적으로 알리면서 시장의 신뢰를 높였다. 직접 기술의 차이점을 설명하는 동영상을 제작하기도 했으며 이를 통해 적극적으로 투자자 설득에 나섰다.

이와 같은 드롭박스의 사례는 아이디어와 기술의 융합을 통해 새로운 개념의 서비스를 개발한 전형적인 창조 창업의 예라고 할 수 있다. 기존의 기술을 활용해 새로운 퍼즐 조각을 구성하고 특화된 서비스를 만들어 냄으로써 독자적인 사업을 펼칠 수 있었다. 이 덕분에 누구나 회원가입 후 서비스를 사용한다는 평범한 사업 모델과 학교나 기관, 개인 등 전반적인 시장 전체를 대상으로 하는 평범한 시장 전략에도 빠른 성장을 보였다.

특히 이들은 일상에서 사람들이 한 번쯤은 겪게 되는 작은 불편을 개선하는 서비스로 시장의 호응을 얻어냈다는 점에서 주목할 만하다. 사실 드롭박스가 등장하기 이전에는 USB[17]나 외장하드 등과 같은 이동 저장 장치를 통해서 파일을 주고받거나 이메일 전송, 웹하드 등을 통한 방법이 전부였다.

그러나 이런 방법들은 각각 조금씩 단점이 있었다. 외장하드나 USB는 이동 중에 저장 장치를 분실하게 될 우려가 컸고, 이메일은

사업 모델

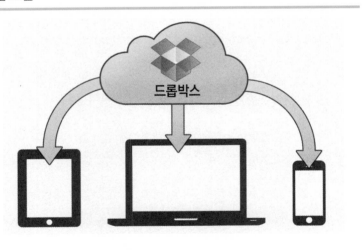

사진 출처 19)
드롭박스는 클라우딩 컴퓨팅과 동기화 기술을 접목해 새로운 개념의 파일 공유 서비스를 개발했다.

용량에서 제한이 있었으며, 웹하드는 일일이 공유할 파일을 다운로드하거나 업로드를 해야 하는 사용상 불편이 있었다.

실제로 드롭박스의 창업자 중 한 명인 드루 휴스톤은 작업할 파일이 든 USB를 두고 나오는 바람에 불편을 겪은 일이 있었다. 어느날 기차 여행을 하게 된 그는 작업 중이던 음원 파일의 코딩작업을 USB에 담아서 가지고 나와 이동 중에 노트북으로 할 생각이었다. 그런데 마침 파일이 담긴 USB를 작업실에 두고 나오는 바람에 낭패를 겪게 되자 이를 계기로 일일이 USB를 들고 다니지 않아도 되는 방법은 없을까 고민하게 되었다. 엔지니어였던 드루는 직접 클라우딩 컴퓨팅과 동기화 기술을 접목해 새로운 개념의 파일 공유 서비스를 개발했고, 이것이 드롭박스 창업의 시작이었다.

이후 드롭박스는 2011년에 2억 5,000만 달러를 유치한 데 이어 2014년에도 세계 최대 사모펀드 블랙록으로부터 2억 5,000만 달러의 투자를 유치하는 등 높은 성장성을 인정받으며 승승장구하고 있다. 이에 미국 경제지 월스트리트는 드롭박스의 기업 가치가 100억 달러에 이르게 됐다고 보도한 바 있다. 특히 애플의 아이클라우드 서비스를 이겨내고 거둔 성과로서 미국 IT업계에서도 매우 좋은 평가를 받고 있다.

: : 포티넷(Fortinet)

사진 출처 20)
보안 솔루션 제공 기업, 포티넷

　　포티넷은 체크포인트와 유사한 보안 솔루션을 제공하는 기업이
다. 인터넷 네트워크의 공중망과 사설망 간의 보호뿐 아니라 각 컴
퓨터 안에 보관된 콘텐츠들의 보호를 통합적으로 하는 통합 보안 솔
루션이 이들의 주력 솔루션이다. 포티넷은 2000년에 창업자인 켄지
(Ken Xie)가 직접 자기 자본을 들여 설립했다. 창업 2년 만에 첫 매
출이 발생한 이후 10년 동안 267배의 성장을 보였으며 2012년 기

연도별 매출액 성장추이

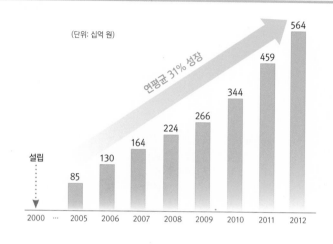

(단위: 십억 원)

연평균 31% 성장

연도	매출액
설립 2000	
2005	85
2006	130
2007	164
2008	224
2009	266
2010	344
2011	459
2012	564

준 5억 3,600달러의 매출을 기록했다.

현재 동종 시장에서 18.9%의 점유율을 기록하며 시장 1위를 차지하고 있다.

시장점유율(2012)

1	포티넷	18.9%
2	체크포인트	17.8%
3	소닉월	9.3%
4	주니퍼	5.8%
5	시스코	5.1%

특히 포티넷은 통합 보안 솔루션(Unified Threat Management, UTM) 시장에서 1위를 차지하고 있으며 체크포인트와 1, 2위를 다투는 선두 기업이기도 하다. 테크니션 유형의 기업답게 전체 인력 가운데 R&D 인력의 비중을 항상 30% 선으로 유지하며 기술 개발에 대한 역량을 키워가고 있다.

펜타-매트릭스에 따른 포티넷의 분석은 다음과 같다.

펜타-매트릭스 분석

성공 요인별 설명

비전	• 콘텐츠 보안 시장을 이끌자
파트너	• 창업자 개인 자산으로 설립
기술	• 통합 위협 관리 시스템(Unified Threat Management)기술 등 가상 보안 솔루션 관련 기술 보유
사업 모델	• 보안 관련 종합 솔루션 판매
시장	• 보안이 필요한 모든 기업/정부/개인 등 포괄적인 타깃팅

먼저 포티넷의 비전은 '콘텐츠 보안 시장을 이끌자(Deliver enhanced performances and drive consolidation into the Content Security Market)'로 기존의 보안 솔루션 시장을 직접 선도하자는 목표가 있었다.

포티넷의 핵심 기술은 UTM(Unified Threat Management)으로 단순히 망과 망 간의 보안 기술이 아니라 콘텐츠를 보호할 수 있는 특화된 기술이었다. 여기에 버추얼 시큐리티(Virtual Security) 솔루션과 관련된 기술을 접목시켜서 네트워크에서 콘텐츠까지 통합적으로 보호하는 솔루션을 개발했다.

이로써 포티넷은 기존의 보안 솔루션 시장과 차별화되고 고도화된 서비스를 선보였으며 시장의 관심을 끌기 시작했다. 사업 모델 또한 솔루션의 단순 판매에 그치는 일반적인 모델이었고 기업과 정부, 개인 등 포괄적인 사용자를 대상으로 했지만, 이들의 경쟁력은 강력했다.

사업 모델

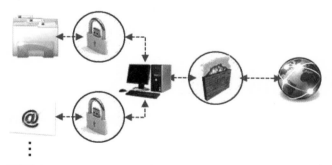

공중망과 사설망 간의 보호뿐 아니라 각 콘텐츠의 보호 시스템이 통합된 보안 솔루션

시장 트렌드에 부합하는 기술을 개발해라

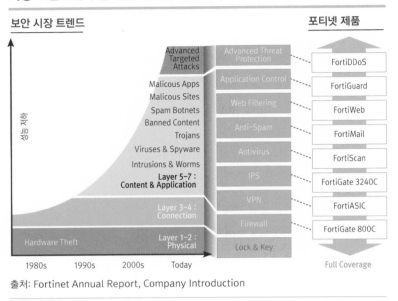

출처: Fortinet Annual Report, Company Introduction

포티넷은 특히 시장 트렌드 분석을 통해 시장 변화에 매우 민첩하게 대응했다. 위의 그림에서 보듯 직접 보안 시장의 트렌드가 어떻게 변해가는지 분석하고 이에 맞춰서 시의성 있는 제품을 내놓는 식이었다. 시간과 시장의 변화에 발맞춰 신제품을 내놓음으로써 사용자들의 새로운 요구를 빠르게 만족하게 했고 이것이 곧 매출 증가의 선순환으로 이어졌다.

: : 마이띵스(myThings)

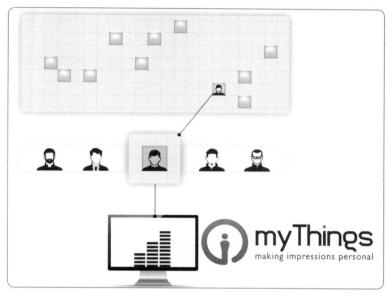

사진 출처 21)
개인형 맞춤 광고 솔루션 기업, 마이띵스

마이띵스는 2005년에 베니 아벨(Benny Arbel)이 창업한 디지털
광고 솔루션 제공 업체다. 특히 이곳은 광고주들이 광고를 의뢰하
면 이들이 선정한 타깃에 대해 개인별 맞춤형 광고를 제공하는 일명
'타깃팅 기술'을 보유하고 있는 곳이다. 마이띵스는 최근 5년간 연평
균 7%의 성장률을 기록하고 있으며 2012년에는 이스라엘에서 기

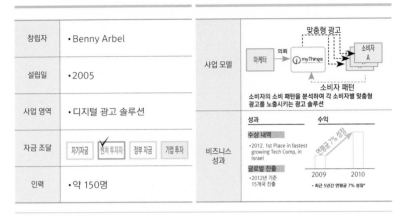

기업 프로파일		사업 모델 & 성과	
창립자	• Benny Arbel	사업 모델	소비자의 소비 패턴을 분석하여 각 소비자별 맞춤형 광고를 노출시키는 광고 솔루션
설립일	• 2005		
사업 영역	• 디지털 광고 솔루션	비즈니스 성과	수상 내역 • 2012, 1st Place in fastest growing Tech Comp, in Israel 글로벌 진출 • 2012년 기준 15개국 진출
자금 조달	자기자금 ☑ 벤처 투자자 정부 자금 기업 투자		
인력	• 약 150명		

* 정확한 매출은 밝혀지지 않았으나 딜로이트가 검토한 재무 자료에 따르면 2007~2011년 연평균 7% 성장으로 발표됨

술 기반 기업 가운데 가장 빠르게 성장한 기업 1위로 선정되기도 했다. 현재 전 세계 15개 국가로 진출해 서비스를 제공하고 있다.

펜타-매트릭스에 따른 마이띵스의 성공 요소를 분석해보자.

마이띵스의 비전은 '투명한 고객 맞춤 솔루션 광고를 지향한다(Delivering greater transparency in its customized programmatic ad solutions)'는 것이었다. 이는 다시 말해 기존의 광고 서비스가 투명하지 않아 광고주들의 불만이 많다는 점을 공략한다는 것이었다. 즉, 기존에는 광고주들이 광고를 요청한 후, 광고가 어떻게 시행되었는지 결과를 알 수 없었고 광고 효과에 대한 분석도 대략적인 짐작에 의존해야 했다.

펜타-매트릭스 분석	성공 요인별 설명

비전	•투명한 고객 맞춤 솔루션 광고를 지향한다
파트너	•Camel, T-Ventures, Accel Partner 등 6개 벤처 캐피털로 부터 총 3,700만 달러 투자 확보
기술	•리타깃형 핵심 기술을 기반으로 역동적 개인 맞춤형 리타깃팅, 시각적 인식, 빅 데이터 접목 등 지속적 기술 개발
사업 모델	•온라인 상에서의 고객 T타깃팅 기술을 기반으로 광고주들에게 최적화된 서비스 제공
시장	•광고 효율성을 높이길 원하는 모든 광고주 대상

그러나 마이띵스만의 기술이 접목되면서 이러한 문제는 간단히 해결되었다. 사용자별 맞춤형 광고를 함으로써 광고에 대한 반응과 효과를 즉각적으로 판단할 수 있는 투명한 피드백을 통해 광고주의 만족도를 높여주었다. '우리의 어떤 광고가 각 부분에서 얼마만큼의 효과가 났다'는 것을 정확하게 보여줄 수 있게 되었다.

광고 효과에 대한 정확한 피드백을 광고주에 제공하게 된 것은 일반적인 광고와 다르게 리타깃팅(Re-targeting) 기술을 접목한 덕분이었다. 리타깃팅이란 사용자의 인터넷 방문 성향이나 행동 패턴에 맞춰 관심이 있는 분야의 광고를 사용자가 인터넷을 사용할 때 자연스럽게 노출되도록 하는 것이다. 이러한 리타깃팅 광고 기법은

사진 출처 22)
마이띵스는 사용자별 맞춤형 광고를 함으로써 광고에 대한
반응과 효과를 즉각적으로 판단할 수 있도록 해 광고주의
만족도를 높여주었다.

사용자가 광고주 사이트를 방문할 때 저장되는 쿠키를 이용하는 원
리다. 쿠키란 특정 홈페이지를 접속할 때 생성되는 정보를 담은 임
시 파일을 말하는데, 사용자가 인터넷 서핑을 할 때 PC에 저장된 광
고주의 쿠키 정보를 토대로 사용자가 인터넷 서핑을 할 때 해당 광
고주의 광고가 최우선으로 노출되도록 한다.

마이띵스의 이런 기술력은 벤처 캐피털의 인정을 받게 되면서 카
멜(Carmel)과 티벤처스(T-Ventures) 등 여섯 개의 유명 벤처 캐피털
로부터 네 번에 걸쳐 3,700만 달러의 투자를 유치하는 성과로 이어
졌다. 특히 이들의 특화된 리타깃팅 기술은 개인 타깃팅과 시각적 인
식, 빅 데이터를 접목해 지속적으로 업그레이드 했으며 이를 통해

사업 모델

소비자의 소비 패턴을 분석하여 각 소비자 별 맞춤형 광고를 노출시키는 광고 솔루션

온라인상에서 광고를 원하는 광고주들에게 맞춤형 광고를 제공하는 사업 모델로 발전시켰다. 이로써 광고 효율성을 높이고자 하는 모든 광고주를 대상으로 영업을 펼칠 수 있었다.

무엇보다 기술에 특화된 테크니션 기업으로서 마이띵스는 사업 모델의 개발보다는 리타깃팅 기술 개발에 집중함으로써 사업 모델 확보와 시장 확보를 자연스럽게 이뤄냈다. 2009년 서비스를 개시하기 전부터 약 3년간 빅 데이터와 알고리즘 관련 전문가 다섯 명을 영입해서 기술 개발을 진행했으며 2006년과 2008년, 두 번에 걸쳐서 800만 달러의 투자를 유치했다. 이를 통해 특별한 수익 모델을 갖추지 않은 상태에서도 기술 개발에 전념할 수 있었다. 이때 개발한

리타깃팅 기술 기반 사업 모델 개발

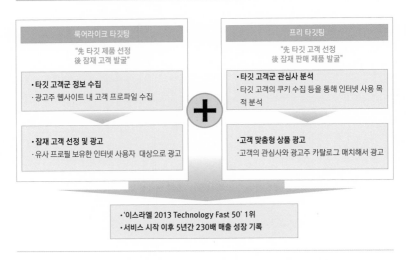

出처: myThings IR 자료, Industry Report, Media Research, 관계자 인터뷰, ADL Analysis

마이띵스의 리타깃팅 기술이 바로 룩어라이크 타깃팅(Look-alike Targeting) 기술과 프리 타깃팅(Pre-Targeting) 기술이었다.

룩어라이크 타깃팅 기술은 타깃 제품을 선정하고 그 다음에 잠재 고객을 발굴하는 기법을 말한다. 웹사이트 안에 머무는 고객들의 프로파일을 수집하고 이 프로파일의 공통점을 찾아내 비슷한 특징을 가진 사람들을 잠재 고객으로 선정해서 그들에게 제품 광고를 하는 것을 말한다.

프리 타깃팅은 고객을 먼저 선정하고 그 다음에 그들에게 팔 수

있는 잠재 제품을 발굴해서 선제적으로 광고하는 것을 말한다. 고
객 군을 먼저 정하고 그들의 인터넷 방문 기록들, 쿠키(특정 홈페이
지를 접속할 때 생성되는 정보를 담은 임시 파일)같은 데이터를 수집하
거나 분석함으로써 이들이 어떤 목적으로 쇼핑하고 어떤 목적으로
인터넷을 사용하는지를 확인해 사람들의 욕구에 맞게 광고를 제공
하는 것이다.

: : 팔랜티어 테크놀러지(Palantir Technologies)

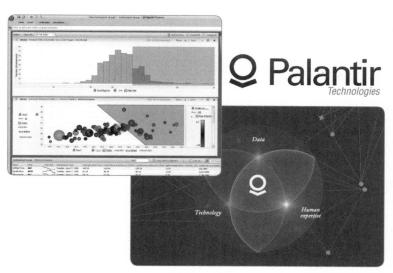

사진 출처 23)
빅 데이터 분석 솔루션 기업, 팔랜티어 테크놀러지

사업 모델

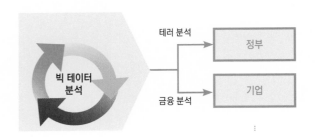

테러 분석

정부

빅 테이터 분석

금융 분석

기업

빅 데이터를 활용하여 사용자별 원하는 정보를 분석할 수 있는 분석 툴 제공

팔랜티어 테크놀러지는 2004년 피터 시엘(Peter Thiel) 등 네 명의 창업자가 뭉쳐 설립한 곳으로 빅 데이터와 관련된 분석 솔루션을 개발한 기업이다. 이들은 빅 데이터를 보유한 기업이나 정부에 솔루션을 제공해 활용하도록 돕거나 데이터 분석을 통해 정보를 제공하는 두 가지 사업 모델을 통해 성장하고 있다.

창업 초기부터 국가 산하에 있는 투자 기업 관련 단체와 벤처 캐피털로부터 투자받으며 안정적인 사업을 펼쳤다. 팔랜티어 테크놀러지는 2004년 설립 이후 6억 6,000만 달러의 투자를 유치했고, 시장 가치는 90억 달러로 평가받고 있다.

팔랜티어 테크놀러지의 성공 요소를 펜타-매트릭스를 통한 분석을 해보도록 하자.

	펜타-매트릭스 분석	성공 요인별 설명

비전	• 세계를 바꿔보자 • 우리 기술로 세계를 바꿔보겠다
파트너	• 투자 경험과 인맥을 보유한 알렉스 카렙 영입 • CIA 비영리 벤처 투자 단체, 유럽 엔젤 투자자들로부터 투자 유치
기술	• 빅 데이터를 분석하는 데이터 모델링, 데이터 서머라이제이션, 데이터 비주얼라이제이션 등의 기술 개발
사업 모델	• 빅 데이터 분석 분야에서 선두적으로 국가 안보를 위한 분석 시스템 개발
시장	• 국가 안보를 위해 빅 데이터 분석이 중요한 정부 타깃에서 기업, 민간으로 점진적 확대하고 있음

먼저, 팔랜티어 테크놀러지의 비전은 간단했다. '세계를 바꿔보자. 즉, 우리의 기술로 세계를 바꿔보겠다(Change the world: Our work helps save lives, solve crimes, protect civil liberties, prevent disease and curb fraud)'였다.

이들은 기존 시장에 없는 빅 데이터 분석이라는 고난도의 기술을 갖고 있었으며 이를 통해 세계를 바꾸겠다는 당찬 포부를 가졌다. 하지만 엔지니어로 구성된 창업 멤버들은 초기, 벤처 캐피털로부터 투자를 받기에는 어려움이 많았다. 투자 관련 노하우나 네트워크가 부족했기 때문이었고, 또한 기술자 입장으로 접근하기 때문에 설득력이 떨어져 번번이 투자 유치에 실패했다. 이에 이들은 벤

파트너 영입으로 부족한 역량을 채워라

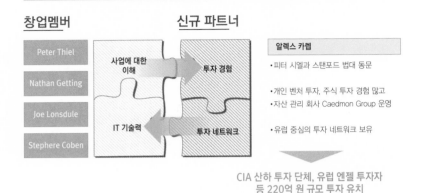

창업멤버

- Peter Thiel
- Nathan Getting
- Joe Lonsdule
- Stephere Coben

사업에 대한 이해
IT 기술력

신규 파트너

투자 경험
투자 네트워크

알렉스 카렙

- 피터 시엘과 스탠포드 법대 동문
- 개인 벤처 투자, 주식 투자 경험 많고
- 자산 관리 회사 Caedmon Group 운영
- 유럽 중심의 투자 네트워크 보유

CIA 산하 투자 단체, 유럽 엔젤 투자자
등 220억 원 규모 투자 유치

처 캐피털 경험을 보유한 알렉스 카렙(Alex Karp)을 영입하면서 투자 유치에 나섰다. 알렉스 카렙은 창업자 가운데 한 명인 피터 시엘 (Peter Thiel)과 스탠포드 법대 동문으로서 인맥을 통해 영입된 파트너였다.

팔랜티어 테크놀러지에 합류한 알렉스 카렙은 CIA 산하 투자 단체로부터 200억 원 규모의 투자를 받고 유럽 지역에서 다수의 엔젤 투자자들로부터 20억 원 규모의 투자를 확보하며 기대 이상의 활약을 보였다.

특히 팔랜티어 테크놀러지는 테크니션 유형답게 이들이 보유한 빅 데이터 분석 기술은 기본적으로 데이터 모델링(Data Modeling),

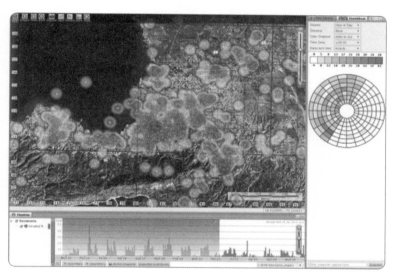

사진 출처 24)
팔랜티어 테크놀러지는 특정 데이터를 추출하거나 요약, 도식화함으로써 통계적으로 활용할 수 있다는 강점이 있었다.

데이터 서머라이제이션(Data Summarization), 데이터 비주얼라이제이션(Data Visualization)을 중심으로 특정 데이터를 추출하거나 요약, 도식화함으로써 통계적으로 활용할 수 있다는 강점이 있었다. 이를 바탕으로 창업 초기에 세웠던 '세상을 바꾸겠다'는 비전에 발맞춰 보유한 기술과 서비스를 더욱 고도화하고, 국가를 타깃으로 하는 분석 툴을 완성했다.

이로써 대테러 분석과 같은 국가용 정보를 주요 시장으로 공략했다. 그러나 차츰 빅 데이터 분석에 대한 수요가 일반 시장으로 확

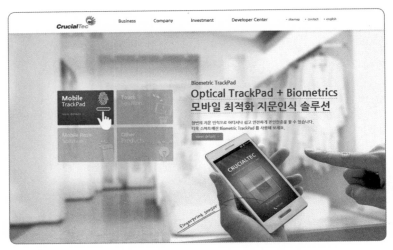

사진 출처 25)
모바일 지문 인식 솔루션 기업, 크루셜텍

대되면서 이들의 매출도 크게 늘었고 빠른 성장을 구가할 수 있었다. FBI와 CIA와 같은 정부 기관은 물론 금융 기관과 제약 회사 등 일반 회사로 주요 고객을 확대해 나갔다.

특히 팔랜티어 테크놀러지는 영업 인력을 따로 채용하지 않고 엔지니어를 영업에 전진 배치하고 있는데, 여기에는 나름의 이유가 있다. 구매자가 판매자 못지않은 정보와 기술력을 갖고 있기 때문에 이들보다 더욱 전문적인 정보를 제공할 수 있도록 기술과 개발 과정을 잘 아는 엔지니어를 영업에 활용한다는 것이다.

:: 크루셜텍(Crucialtec)

국내 기업 가운데 테크니션 유형의 기업으로는 크루셜텍의 예를 들 수 있다. 크루셜텍은 삼성 SDS 사내 벤처에서 출발했으며 1999년 모기업으로부터 독립하면서 설립한 곳이다.

크루셜텍의 핵심 기술이자 제품은 모바일 트랙패드다. 이는 블랙베리 휴대전화에 장착되는 일종의 마우스 패드로, 한때 블랙베리의 부품 공급자로서 시장의 주목을 받기도 했다. 하지만 블랙베리의 추락과 함께 매출 비중이 줄었다. 이후 크루셜텍은 휴대전화 카메라에

기술 개발이 우선이다

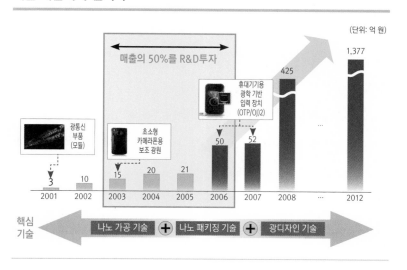

장착된 플래시 모듈 부품에 집중하며 매출의 절반 이상을 올리고 있다. 2013년부터는 OTP(Optical TrackPad)에 지문 인식 기능을 추가한 BTP(Biometric TrackPad), 즉 모바일 인증 및 결제 기능을 갖춘 지문 인식 솔루션이 주요 매출원으로 떠오르고 있다.

테크니션 유형의 기업인 만큼 크루셜텍이 성장할 수 있었던 기반에는 경쟁력 있는 기술이 있었다. 이들은 시장을 선도할 기술 개발을 선행함으로써 사업 모델 확보와 타깃 시장 확보를 자연스럽게 이어지도록 하며 성장 일로를 걸어왔다. 물론 지금까지 어려움이 없었던 것은 아니다. 창업 초기 이들이 보유한 기술은 광통신과 관련해서 나노 가공 기술, 나노 패키징 기술, 광 관련 디자인 기술이었다. 이런 기술들은 미래 유망 기술로서 시장성이 매우 높았다. 하지만 차츰 IT 거품이 꺼지면서 그 광통신 부품을 사려던 거래처들이 하나둘씩 계약을 파기하며 시장이 줄어들기 시작했다. 예기치 않은 위기였다. 이런 가운데에서도 크루셜텍은 핵심 기술을 중심으로 기술 개발에 더욱 박차를 가했다. 창업 후 6년간 매출의 50%를 R&D에 재투자할 정도로 R&D에 집중했다. 그 결과, 휴대기기용 광학 기반 입력 장치인 OTP와 OJ(Optical Joystick)를 개발하기에 이른다.

이를 발판으로 블랙베리에 장착되는 모바일 OTP 개발에 성공하면서 매출도 가파르게 상승했다. 이후 아이폰과 갤럭시 시리즈의 등장으로 블랙베리의 인기가 추락하자 모바일 플래시 모듈 사업을 확대했다. 이런 끊임없는 변신에 힘입어 2006년 50억 원대에 머물던 매출은 2013년 4,180억 원까지 급증했으며, 시가 총액은 2,400~2,600억 원 수준을 기록하고 있다.

03

이노베이터_
혁신형
창업

: : 이노베이터의 정의

이노베이터는 펜타-매트릭스의 구성 요소 가운데 사업 모델에
특히 강점을 보인 유형이다. 이노베이터에 포함되는 대표 기업으
로는 애드몹(Admob), 에어비앤비(Airbnb), 바이두(Baidu), 그루폰
(Groupon), 트립어드바이저(Tripadvisor), 트위터(Twitter) 등 6개 기
업이다. 이들은 모두 독특하고 지속적인 수익 창출이 가능한 사업
모델을 개발해 성공했다.

간단히 살펴보자면 애드몹은 모바일 광고 업체로 인터넷 광고를

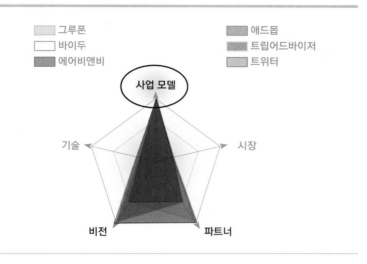

'이노베이터' 펜타-매트릭스 분석

```
□ 그루폰                    ■ 애드몹
□ 바이두                    ■ 트립어드바이저
■ 에어비앤비                 □ 트위터
```

사업 모델

기술 ◄   ► 시장

비전   파트너

모바일 플랫폼에 적용한 사업 모델로 성공했다. 에어비앤비는 전 세계 민박과 여행객을 연결하는 글로벌 민박 주선 서비스를 개발했다. 바이두는 중국인의 특성을 반영한 검색 엔진을 개발해 시장의 호응을 얻었으며 그루폰은 당일 할인 쿠폰 공동구매라는 사업 모델을 기반으로 세계적인 서비스 업체로 성공했다. 트립어드바이저는 실제 여행객의 리뷰를 기반으로 서비스 이용객들에게 사실적인 여행 정보를 제공하는 사업 모델을 기반으로 사업에 성공하였다. 마지막으로 트위터는 기존의 SNS[18]가 가진 장점을 융합하여 새로운 형태의 SNS를 도입해 사업 모델로 개발했다.

무엇보다 이들 기업의 서비스 또는 상품은 누구나 한 번쯤 생각
해봤음직한 아이디어에서 출발했다는 공통점이 있다. 스치듯 떠올
릴 수 있는 작은 아이디어가 기존에 없던 새로운 개념을 만들어내
고 그것을 사업 모델화한 것이 이들의 특징이라 하겠다. 대표 기업
에 대한 분석은 다음에서 계속해보자.

: : 애드몹(Admob)

사진 출처 26)
모바일 광고 서비스 제공 업체, 애드몹

　애드몹은 2006년, 오마르 하무이(Omar Hamoui)가 창업한 모바

일 광고 서비스 업체다. 다양한 모바일 플랫폼 기업과 광고주 사이에서 모바일 광고를 중개하는 사업 모델을 만들어 세계 최초로 모바일 광고 시장의 문을 연 곳이다. 이러한 선도적 역할을 인정받으며 애드몹은 창업 3년 만에 구글에 약 800억 원에 인수되며 큰 화제를 모으기도 했다. 이는 구글이 인수한 업체 가운데 더블클릭(3조 원), 유튜브(1조 5,000억 원) 다음으로 큰 규모의 M&A였다.

인수 당시 애드몹은 공식적으로 밝혀진 자료는 없으나 업계의 예상으로는 약 450억에서 630억의 매출을 올리고 있었다. 2009년 구글에 인수된 이후에도 애드몹은 구글 내의 모바일 광고 사업부로 지속해서 사업을 이어가고 있다. 시장 조사 업체 IDC[19]에 따르면 구글은 2012년 애드몹을 통해 모바일 광고 2억 4,000만 달러의 매출을 올린 것으로 집계했다.

펜타-매트릭스를 기준으로 애드몹의 사례를 분석해보도록 하자.

우선 애드몹은 '글로벌 모바일 사업 파트너(Global mobile business partner)'라는 비전으로 출발했다. 창업 당시 애드몹은 PC 인터넷 기반에만 존재하던 인터넷 광고를 모바일에 접목해 퍼스트 무버(First Mover, 새로운 제품·기술을 주도하는 선도 기업)로서 기존에 없던 새로운 서비스를 만들어내며 시장을 만들어냈다. 이들은 광고주와 모바일 플랫폼 사업자를 중계함으로써 광고 수수료를 수익원으로 하는 사업 모델을 구축했다.

펜타-매트릭스 분석

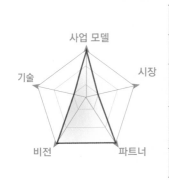

성공 요인별 설명

비전	• 글로벌 모바일 사업 파트너
파트너	• 마케팅 전문가 러셀 버클리 파트너 영입
기술	• 광고 업체가 모바일 광고 결과를 모니터링 할 수 있는 일반적 기술을 활용한 솔루션 개발
사업 모델	• 광고가 다수의 모바일 플랫폼에 실릴 수 있도록 연결해주는 모바일 광고 네트워크 사업
시장	• 모바일 광고를 원하는 업체 타깃팅

사업 모델(사례)

광고부로부터 의뢰를 받아 애드몹과 제휴를 맺어 퍼블리셔/모바일 앱에 광고를 게재해주는 서비스

애드몹의 창업에서 중요한 점은 애드몹이 창업할 당시인 2006년은 애플의 아이폰이 채 출시되기도 전이었다는 것이다. 애플의 아이폰 출시 시점이 중요한 것은 이때를 본격적인 모바일 인터넷 시대의 개화 시점이라 보고 있기 때문이다. 즉, 애드몹은 모바일 인터넷 시장이 본격화하기 이전에 한발 앞서 시장을 내다보고 뛰어들었던 것이다.

또한 애드몹은 창업 초기에 마케팅 경험이 풍부했던 러셀 버클리를 영입하면서 빠르게 시장에서 입지를 다져갔다. 애드몹은 기술적으로 새로운 기술을 보유하고 있는 것은 아니었지만, 기존의 기술과 서비스를 융합해 새로운 시장을 만들어냈다는 점에서 강점을 보였고 버클리는 이를 시장에 알리는 데 주력했다. 특히 광고주에게 광고 결과를 모니터링하고 효과를 입증함으로써 광고에 대한 투자 대비 효과가 궁금하던 광고주의 욕구를 충분히 만족시켰다.

사실 애드몹의 창업자 오마르는 처음부터 모바일 광고 모델을 생각하고 있지는 않았다. 그는 애초에 모바일 사진 공유 서비스 사업에 대한 아이디어를 갖고 있었다. 사진 공유 서비스를 어떻게 홍보할 수 있을까에 관한 광고 마케팅를 고민하던 중 온라인 광고 서비스에 주목하게 됐다. 당시 온라인 광고 시장은 이미 크게 활성화되어 있었는데, 모바일 시장에는 이렇다 할 광고 시장이 없다는 것을 발견하고 그는 새로운 고민에 빠지게 되었다. 앞으로 더욱 많은 사람이 모바일 사업에 뛰어들게 될 것이고 모바일 광고에 대한 갈증도 커질 것이란 욕구를 발견하게 되었던 것이다. 더구나 아직은 모바일 광고 서비스 사업자가 없다는 점에 착안하여 처음의 계획과 달리 광고 서비스를 시작하게 되었다.

애드몹은 창업 초기부터 많은 기업에서 서비스 의뢰를 받으며 빠르게 성장하였다. 기업 고객이 애드몹에 광고를 의뢰하면 애드몹이 다른 웹사이트 배너 위에 광고를 게재하고, 이를 인터넷 사용자가 클릭하면 더욱 자세한 광고 페이지로 연동되도록 하는 사업 모델이 특히 큰 인기를 끌었다. 이로써 애드몹은 경쟁력을 인정받으면서 창업 3년 만에 구글에 인수되었다. 당시 구글은 애드몹의 현재 가치보다 미래 가치에 더욱 주목해 인수한 것으로 알려지고 있다.

: : 에어비앤비(Airbnb)

에어비앤비는 2008년에 브라이언 체스키(Brian Chesky)를 비롯한 세 사람의 공동 창업자가 설립한 글로벌 민박 주선 서비스 업체다. 전 세계 여행자와 여행지의 민박 제공자를 연결하는 것이 바로 이들의 사업 모델이었으며 숙소 공급자와 숙소 이용자에게서 나오는 수수료가 주요 수익원이었다.

사진 출처 27)
글로벌 민박 주선 서비스 업체, 에어비앤비

에어비앤비는 현재 전 세계 184개국, 1만 4,000개 도시의 민박 공급자를 연결하고 있으며 2008년 창업 이후 본격적으로 수익이 발생하기 시작한 2010년부터 2012년까지 연평균 118%라는 놀라운 성장을 보였다. 또한 2012년 기준 2,400만 건의 거래 건수를 기록하며 벤처 캐피털로부터 약 2조 원대의 기업 가치를 평가받은 바 있다. 현재는 약 600명의 구성원이 종사하고 있다.

에어비앤비는 집을 통째로 대여하는 것이 아니라 방을 대여한다는 특징이 있다. 이는 에어비앤비라는 이름에서도 담고 있는 이름인데 간이용 침대인 에어베드(air bed)와 아침식사(breakfast), 즉 'air-bed & breakfast'에서 조합해 만들어진 이름이 바로 에어비앤비(airbnb)였다.

사업 성과

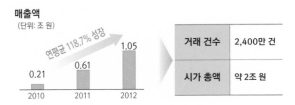

매출액
(단위: 조 원)

연평균 118.7% 성장

0.21 (2010)
0.61 (2011)
1.05 (2012)

| 거래 건수 | 2,400만 건 |
| 시가 총액 | 약 2조 원 |

"전 세계 184개 국, 14,800개의 도시의 민박 공급자와 연결 가능"

집주인은 여행객에게 자기 집의 방 하나를 빌려주고 다음 날 아침 식사까지 제공하게 되며, 직접 방에 대한 소개 글이나 사진을 등록해 홍보함으로써 여행객을 유치하게 된다. 이때 공급자와 구매자 모두에게서 수수료 수익이 발생하게 되어 있다.

에어비앤비의 성공 비결을 펜타-매트릭스 관점에서 살펴보도록 하자.

사업 모델

주요 사업		• 공급자가 자신의 집의 일부 또는 방 하나를 여행자를 위해 빌려주는 서비스(민박 주인과 이용자 연결)
주요 수익원	공급자 수수료	• 숙소 공급자에게 거래 금액의 3% 수수료 취득
	구매자 수수료	• 숙소 이용자에게 거래 금액의 12% 수수료 취득

펜타-매트릭스 분석	성공 요인별 설명

비전	• 공유 경제 실현과 달성
파트너	• 2009년 첫 투자 유치 이후 현재까지 약 3,500억 원 확보
기술	• 홈페이지 운영 및 다양한 언어로 콘텐츠 제공이 가능한 자동화 형태 언어 기술 보유
사업 모델	• 자신의 빈방을 민박으로 활용하고픈 공급자와 민박을 원하는 여행자를 연결해주는 숙박 주선 서비스 제공
시장	• 여행자 중 호텔/호스텔보다 가정집에서 숙박을 선호하는 여행자 대상 및 빈방 제공이 가능한 집주인 타깃팅

에어비앤비는 비전과 파트너 측면에서도 강점을 보였지만 '비즈니스 모델'에 특화한 이노베이터 유형이다. 우선 에어비앤비의 창업 초기 비전은 '공유 경제 실현과 달성(Leading company in the share economy)'이라는 다소 거창한 비전을 세웠다. 파트너 측면에서 보면, 에어비앤비는 창업 초기였던 2009년에 투자 유치를 성공한 이후 유수 기업과 벤처 캐피털로부터 총 3,300억 원가량의 투자 유치에 성공했다.

기술 측면에서는 독자적으로 개발하거나 특화된 기술을 보유하고 있지는 않았다. 시장의 타깃 역시 호텔이나 호스텔, 리조트보다는 개인 가정집에서 편안한 숙박을 선호하는 여행자로 설정했으며 특별한 강점이 있지는 않았다. 그러나 누구나 생각하고 있는 민박을

사진 출처 28)
에어비앤비는 민박을 글로벌화하고 오픈 플레이스를 통해서 공유해 주선했다는 독특한 아이디어로 빠르게 성장할 수 있었다.

글로벌화하고 오픈 플레이스를 통해서 공유해 주선했다는 점과 세계 최초로 전 세계에 있는 빈방과 여행객을 연결했다는 독특한 아이디어에 힘입어 빠르게 성장할 수 있었다.

　에어비앤비의 창업 초기, 이들의 사업 모델에 대해 주변에서는 부정적인 시각이 많았다. 공유 경제라는 개념은 좋지만 개인 집의 방 일부를 신원을 모르는 여행객에게 공유한다는 점, 그리고 여행객의 신원 확인이 되지 않은 타지의 집주인과 숙소를 공유한다는 점은 안정성 측면에서 불안하다는 지적이었다. 이 때문에 사업적 성공에 대해서도 회의적인 시각을 보였다.

　하지만 에어비앤비의 창업자들은 이러한 시각에 굴하지 않았다. 오히려 그러한 지적을 사업 모델 안정화에 반영하면서 어떻게 하면 안전성을 확보할 수 있는지, 방을 빌려주는 사람과 여행객 간의 상

고객 니즈 파악하고 민감하게 대응하라

고객 니즈 파악

"낯선 지역에서 민박을 한다는 것이 불안해서 선뜻 하기가 어려워…"

여행객

➕

"신원 확인이 안 된 모르는 사람을 내 집에 들인다는 것이 불안해서…"

집주인

고객 니즈에 대한 대응

• 철저한 본인 인증 절차를 걸쳐 집주인 및 여행객 프로필 상세 공개

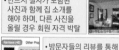

• 반드시 실사가 포함된 사진과 함께 집 소개를 해야 하며, 다른 사진을 올릴 경우 회원 자격 박탈

• 방문자들의 리뷰를 통해 실제적인 피드백 공유 가능

"집주인과 여행자 간 상호 신뢰 구축이 가능한 프로세스 개발을 통해 비전 실현"

호 신뢰 구축이 가능할 것인지를 연구해 프로세스 개발에 집중했다. 이러한 극복 과정이 바로 에어비앤비의 성공을 가능하게 했다.

에어비앤비의 서비스 과정을 살펴보면 다음과 같다. 공급자와 구매자 모두 처음 회원으로 가입할 때부터 철저하게 본인 인증 절차를 거치도록 해야 한다. 회원마다 상세한 프로필을 공개하고, 차츰 페이스북과 같은 SNS를 자동 연계해서 회원들이 평소에 어떤 사람인지 확인할 수 있도록 하는 상호 신뢰 구축 시스템을 만들었다. 민박으로 공유할 방을 소개할 때에는 반드시 실사가 포함된 사진과 상세한 집 소개를 하도록 했고, 그 집을 이용했던 방문자들은 솔직하게 후기를 남겨서 소개되고 있는 방의 상태나 집주인의 친절도 등 민박 선택 시 살펴야 할 중요 정보를 공개적으로 검증하도록 했다. 만약 이때 방문객들의 평가를 통해 집주인이 제시한 정보가 허위라는 것이 밝혀지면 공급자의 회원 자격은 박탈된다. 이렇듯 피드백을 통해 검증에 검증을 더하고 상호 간의 신뢰를 확보함으로써 창업 초기에 쏟아졌던 우려를 말끔히 없앨 수 있었다.

: : 바이두(Baidu)

사진 출처 29)
중국 검색 포털 서비스 기업, 바이두

바이두는 2000년, 로빈 리(Robin Li)와 에릭 쑤(Erix Xu) 등 두 명의 공동 창업자가 설립한 중국판 포털 검색 엔진 서비스 제공 기업이다. 창업 당시 바이두는 미국의 벤처 캐피털로부터 지원을 받

업체별 시장 점유율 현황(2012년)

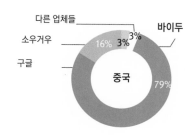

아 안정적으로 출발했다. 그 후 중국인 맞춤형 검색 포털로 차별화
전략을 구사했고 이것이 바이두를 급성장하게 하였다. 2012년 기준
으로 바이두는 중국 내 검색 시장 점유율이 79%로 업계 1위를 차
지했다.

　직원도 약 2만 명이 넘어섰다. 연구 개발 인력만 9,300명을 보유
했고 영업 마케팅 인력도 8,500명을 넘었다. 특히 연구 개발 인력은
IT기술 개발보다 사업 모델을 연구하고 확보하는 데 집중하고 있다.

　바이두의 성공 유형을 펜타-매트릭스를 통해 분석해보도록 하자.

　바이두의 창업 비전은 '세상에서 가장 큰 미디어 플랫폼 기업
이 되겠다(One of the world's largest new media platform)'는 것이
었다.

　바이두가 창업할 당시인 2000년 무렵의 중국은 인터넷 사용률
이나 보급률이 그리 높지 않았다. 그럼에도 바이두는 중국에서도 미

펜타-매트릭스 분석

성공 요인별 설명

비전	•세계에서 가장 큰 미디어 플랫폼 기업이 되겠다
파트너	•벤처 캐피털 네트워크 보유한 파트너(쉬용) 확보 •DraperFisher Jurvetson ePlanet, IDG Technology 등 총 1,120만 달러 투자 유치
기술	•온라인상의 각종 파일이 모여 있는 데이터베이스 검색 기술 보유
사업 모델	•중국인의 특성 및 문화에 기반하여 최적화된 자동 검색 기능을 보유한 검색 엔진 서비스 제공
시장	•중국/중화권 인터넷 유저 타깃팅

국의 야후와 같은 검색 엔진 포털 서비스를 제공해보자는 기획을 한다. 곧 다가올 인터넷 시장의 성장 가능성을 읽었기 때문이었다. 특이한 것은 바이두의 이러한 계획을 높이 평가하고 투자를 감행한 벤처 캐피털은 중국 내의 업체가 아닌 미국 실리콘밸리의 벤처 캐피털이었다는 점이다. 이는 급성장세인 중국의 가능성을 높이 사고 투자를 결정한 것이기도 했지만, 결정적으로 창업 멤버로서 영입한 '쉬용(徐勇)' 덕분이기도 했다. 쉬용은 엔지니어로 구성된 다른 창업 멤버들과 달리 특유의 친화력을 발휘하며 투자자를 상대했다. 이것이 벤처 캐피털의 호감을 끌어내었고 투자 유치도 성공적으로 이뤄냈다. 하지만 이 때문에 일각에서는 바이두를 두고 과연 중국 기업

고객 니즈 변화에 민감하게 대응해라

	2000 2001 2002 2003 2004 2005 2006 2007 2008 2009 2010 2011 2012
고객 니즈 및 트렌드	• 불법 음원 유통 확산 및 사회적 문제로 대두 / • 중국 내 인터넷 보급 확산 및 젊은 세대 중심으로 또래 문화 확산 / • 개인용 컴퓨터 보급 증가로 인해 컴퓨터 관리 니즈 증대 / • 중장년층의 인터넷 사용 확대 / • 스마트폰 사용자 증대
바이두의 대응	• 음악 듣기 서비스 신설 음원 파일 다운 불가능하나 낮은 가격으로 음악 듣기 가능 / • 바이두 티에바 추가 바이두 사용자를 위한 온라인 커뮤니티 개설 / • 바이두 안티 바이러스 서비스 신설 개인용 컴퓨터 보호를 위한 바이러스 점검 및 치료 서비스 무상 제공 / • 바이두 엘더리 리서치 신설 중장년층을 위한 새로운 버전으로 대형 폰트 사이즈 사용 및 관심 사이트 링크 / • 모바일 서비스 제공 바이두 모바일 어플리케이션 개발
성과 (시장점유율)	7% 25% 55% 75% 79%

인가, 미국 기업인가에 대한 논란이 일고 있기도 하다.

무엇보다 바이두는 특별한 검색 기술의 우위보다 중국인 특성이나 문화에 맞게 검색 카테고리를 구성해 운영함으로써 시장의 호응을 얻었다. 또한 다음의 그림에서 보듯 사용자 중심의 사업 모델을 유지하고 새로운 서비스를 발굴하기 위해서 고객의 욕구에 민감하게 대응해나갔다.

2002년, 불법 음원 유통이 확산되어 사회적 문제로 불거졌을 때 음원 공유가 아닌 무료 음악 듣기 서비스를 신설하거나 2003년, 인터넷 보급이 확산되고 젊은 층의 또래 문화가 크게 번지자 바이두는 이들을 겨냥한 온라인 커뮤니티 '바이두 티에바(Baidu Tieba)' 서

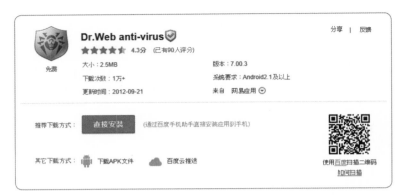

바이두 안티바이러스

바이두 모바일 앱

비스를 중국 내 최초로 개설하기도 했다.

특히 2006년에는 개인용 컴퓨터가 많이 보급되면서 바이러스 확산 문제가 커지자 '바이두 안티 바이러스(Baidu Anti-Virus)' 서비스를 무료로 제공하며 사용자들의 호응을 얻기도 했다. 또한 2009

년에는 중장년층의 인터넷 사용이 확대되면서 '바이두 엘더리 서치(Baidu Elderly Search)' 서비스를 신설해 중장년층을 위한 대형 폰트 사이즈를 제공하고, 중장년층들이 관심 있어 하는 사이트로 연결하려는 노력도 이어갔다. 2012년에는 중국 내에 스마트폰 사용자가 증가한다는 사실에 착안해 '바이두 모바일 애플리케이션'을 개발하면서 모바일 서비스도 펼치고 있다.

이와 같은 다양한 서비스의 출시는 지난 10년 사이 50여 가지나 이어졌다. 바이두는 이러한 끊임없는 노력으로 창업 당시 7%에 머물렀던 중국 내 시장 점유율을 2013년에는 80%로 끌어올렸으며, 매출 5조 5,000억 원대의 독보적인 업체로 성장했다.

: : 그루폰(Groupon)

그루폰은 2008년, 앤듀르 메이슨(Endrew Mason) 등 세 명의 공동 창업자가 설립한 세계 최초의 소셜 커머스 업체다. 설립 당시부터 벤처 투자자를 통해 안정적인 투자 유치를 받으며 시장 진입에 성공한 이후, 2012년 현재 1만 1,400여 명의 구성원이 그루폰에 종사하는 독보적인 소셜 커머스 업체로 성장했다.

그루폰의 사업 모델은 잘 알려진 대로 할인쿠폰의 공동구매 주

사진 출처 30)
할인쿠폰 공동구매 주선 업체, 그루폰

사업 모델

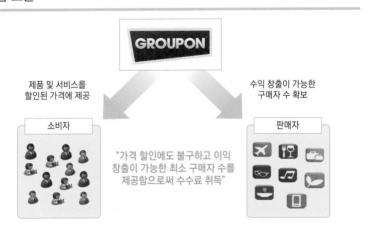

세계를 사로잡은 그들은 시작부터 달랐다

선이다.

소비자와 판매자를 연결해 판매자가 그루폰을 통해 제품이나 서비스를 할인된 가격에 제공하고 소비자는 공동구매의 형태로 제품이나 서비스를 할인된 가격에 살 수 있다. 이때 판매자들이 제품이나 서비스를 할인된 가격에 팔아도 수익에 타격을 입지 않는 최소 구매 인원을 설정해두고 거래를 성사하도록 하는 것이 그루폰 판매 방식의 핵심이다.

그루폰의 성장은 매우 빠르고 강력했다. 2009년부터 2012년까지 3년 동안 연평균 440%의 성장률을 기록했고 2012년 기준 2조 4,000억여 원의 매출을 올렸다. 또한 그루폰은 미국만이 아니라 전 세계적으로 소셜 커머스 내에서 독보적인 위치를 보유하고 있다.

그루폰을 펜타-매트릭스의 관점에서 분석해보자.

사업 성과

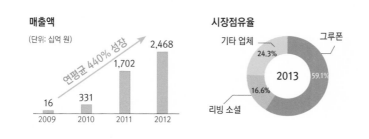

그루폰의 비전은 '더 좋은 세상을 만들자(Make a better world)'

펜타-매트릭스 분석

성공 요인별 설명

비전	• 더 좋은 세상을 만들자
파트너	• 사업 시작 전 아이템에 약 10억 원 투자 유치 • 사업 초기 벤처 캐피털로부터 약 50억 원 추가 유치
기술	• 데이터베이스 및 빅 데이터 처리 기술
사업 모델	• 할인율이 높은 쿠폰 판매를 위한 최소 구매 인원수 제공을 통해 거래를 성사시킴으로써 쿠폰 판매 수수료 취득
시장	• 사업 초기 지역 시장을 중심으로 시작하였으나, 일반 대중을 대상으로 사업 확대

로 비교적 간단명료했다. 사업 모델이 미처 완성되기 전에 이미 아이디어만으로 10억 원의 투자 유치를 받으며 안정적으로 론칭했고, 사업 초기 벤처 캐피털로부터 50억 원가량의 투자 유치도 이뤄졌다.

그루폰의 서비스는 기술적으로 특별한 첨단 기술을 기반으로 하고 있진 않았다. 일반적인 데이터 처리 기술을 활용한 서비스였으며 시장이나 타깃 역시 일반적인 시장의 구매자가 그 대상이었다.

단지 그루폰의 서비스에서 특이점으로 꼽을 수 있는 것은 최소 구매 인원수를 제한하는 것이었다. 최소 구매 인원수가 채워질 때에

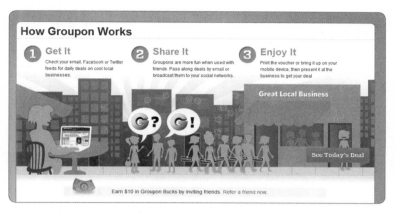

사진 출처 31)
그루폰은 판매자나 공급자 모두가 만족할 수 있는 사업 모델을 만들어 큰 호응을 얻었다.

만 할인 쿠폰의 효력이 발휘되고 구매 인원수가 그보다 미달일 때에는 쿠폰의 효력이 발생하지 않으므로, 판매자가 밑지고 팔아야 하는 불합리함이 없이 판매자나 공급자 모두가 만족할 수 있는 사업 모델을 만들 수 있었다.

이러한 서비스 아이디어는 그루폰과 유사한 사업 형태로 론칭했다가 실패에 그친 온라인 경매 사이트 '메르카타'의 실패 교훈을 철저하게 벤치마킹한 결과 나온 것이었다. 메르카타는 창업 초기 3년 간 9,000만 달러의 투자를 유치했지만 창업 4년 만에 무너지고 말았다. 그루폰의 창업 멤버들은 메르카타의 실패를 분석해 다음과 같이 크게 세 가지의 요인을 도출해냈다.

첫째, 경매제로 운영하다 보니 사용자가 제품 구매까지 오랜 시간을 기다려야 했고 둘째, 할인 폭이 제한적이었다. 공급자는 가격을 할인할 경우 일정 수준 이상의 제품 판매가 보장되어야 하나 메르카타는 최소 구매에 대한 보장을 해주지 못하였다. 그러다 보니 구매자들은 손실을 보전하기 위해 할인 폭을 낮출 수밖에 없었고 낮은 할인율에 구매자들은 차츰 구매의 매력을 느끼지 못하며 등을 돌리게 되었다. 셋째, 할인 제품이나 서비스 제공으로 손해를 보는 공급자들이 증가하면서 할인 쿠폰을 공급하려는 공급 업체들이 줄어들게 되었다.

이러한 세 가지 문제는 결국엔 악순환 구조를 만들며 메르카타의 실패로 이어졌다. 이에 그루폰은 이 세 가지 문제를 개선하는 것에서 그루폰의 사업 모델 설계를 출발했다.

그루폰은 우선 소비자들의 구매 기간을 단기간으로 설정했다. 최초의 서비스에서는 일주일 이내에 구매 완료가 이뤄지도록 했고, 차차 서비스를 확대해가면서 구매 기간을 줄여 최근에는 당일 쿠폰 판매까지 만들어졌다.

또한 티핑포인트(Tipping Point)를 설정해서 수요자와 공급자를 동시에 만족시켰다. 티핑포인트란 공급자와 구매자 모두가 만족할 수 있는 접점을 의미한다. 즉, 구매자의 욕구를 충족시킬 수 있는 목표 할인율과 판매자의 해당 상품에 대한 목표 이익률을 동시에 고려해 양측이 모두 만족할 수 있는 최소 구매 인원수를 도출하는 것

유사한 아이템으로 실패한 과거 사례를 분석해라

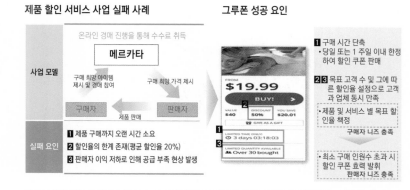

제품 할인 서비스 사업 실패 사례 / 그루폰 성공 요인

이었다. 이로써 티핑포인트에 맞춘 최소 구매 인원수가 초과가 되면 쿠폰이 효력을 발휘하고 초과하지 않으면 쿠폰의 효력이 무효가 되도록 해 수요자와 공급자 모두 만족하도록 했다.

이러한 기법은 구매자 사이에서 저절로 입소문 마케팅이 이뤄지게끔 하고 오히려 구매자들이 적극 구매에 나서는 효과로 이어졌다. 즉, 최소 구매 인원수를 달성해야 쿠폰의 효과가 발생하므로 이 인원수를 구매자 스스로 도달하기 위해 구매자들이 또 다른 구매자를 끌어 모으는 움직임이 자연스럽게 벌어졌다. 그렇게 소비 심리를 연속 자극함으로써 선순환의 판매 효과를 거두었음은 물론이다.

: : 트립어드바이저(Tripadvisor)

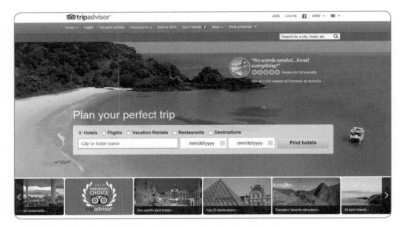

사진 출처 32)
인터넷 여행 관련 정보 제공 업체, 트립어드바이저

트립어드바이저는 2000년, 스테픈 카우퍼가 창업한 인터넷 여행 관련 정보 제공 업체다. 세계 각 곳의 호텔, 식당 등과 관련된 이용 정보나 여행객들의 이용 후기 등을 전달하고 예약 서비스까지 연결하고 있는데, 세계 34개 국가에서 21개의 언어로 서비스를 제공하고 있다.

트립어드바이저 내에서 제공되는 정보는 각 업체에서 자유롭게 제공하지만, 이 정보는 이들 여행지를 직접 경험한 여행자들의 후기를 통해 철저히 검증하게 되어 있다. 여기에 정보 검색과 동시에 직

사업 모델

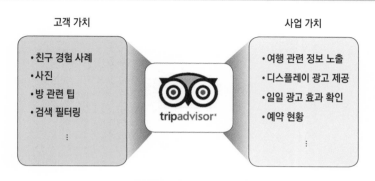

고객 가치		사업 가치

* 친구 경험 사례
* 사진
* 방 관련 팁
* 검색 필터링

⋮

* 여행 관련 정보 노출
* 디스플레이 광고 제공
* 일일 광고 효과 확인
* 예약 현황

⋮

세계 곳곳의 호텔 및 식당에 대한 리뷰 웹사이트

접 사이트 내에서 예약 서비스도 이용할 수 있는 편리함 때문에 여행객들의 신뢰도와 호응이 매우 높다. 여행객들의 신뢰도가 쌓이면서 트립어드바이저는 각 정보 제공 업체들의 광고를 게재하게 되었고 이로써 부가적인 광고 수입도 올리고 있다.

트립어드바이저를 펜타-매트릭스의 관점에서 살펴보면 다음과 같다.

우선 비전은 '편리하고 믿을 수 있는 실시간 여행 예약 서비스(Travel Planning that is increasingly socially relevant, mobile and delivered in real-time)'였다. 트립어드바이저에 이러한 비전이 만들어진 것은 나름 이유가 있었다.

창업 전, 스테픈은 여행 정보를 구할 만한 곳이 별로 없었고 있

펜타-매트릭스 분석	성공 요인별 설명

비전	• 편리하고 믿을 수 있는 실시간 여행 예약 서비스
파트너	• 사업 모델 변경 후 총 3차례에 걸쳐 약 30억 원 투자 유치
기술	• 온라인 광고 플랫폼, 방문자들의 트래픽 패턴 분석 등의 기술 보유
사업 모델	• 여행지 관련하여 사용자가 직접 작성하는 정직한 리뷰 DB 구축 • 광고 플랫폼을 활용하여 여행 예약 페이지로 연결
시장	• 여행과 관련하여 다양한 정보를 얻고자 하는 모든 여행객 타깃팅

다고 해도 호텔에서 각자 제공하는 몇몇 정보에 불과하다는 점, 이마저도 막상 여행지를 가보면 전혀 맞지 않는 경우가 다반사라는 점에 번번이 실망을 겪곤 했었다.

이에 그가 직접 좀 더 정확한 여행 정보 데이터 베이스를 구축해 인터넷 여행 정보 사이트에 제공하겠다는 계획을 세웠고, 처음엔 여행 정보 판매라는 사업 모델을 계획했다. 하지만 문제는 여행업계에서 그의 정보를 사려고 하지 않았다는 점이었다. 이에 그는 정보 제공과 예약 관련 서비스 광고를 직접 제공하는 사업 모델을 만들어 다시 한 번 시장에 도전했고, 이러한 사업 모델은 벤처 캐피털의 호응을 얻으며 약 30억 원의 투자를 끌어낼 수 있었다.

이렇게 여행객들의 신뢰를 바탕으로 얼마 전부터는 트립어드바

이저 어워드(TripAdvisor Awards)를 제정해 또 다른 마케팅 전략을
펼치고 있기도 하다. 이는 여행객의 좋은 후기가 많이 올라온 여행
지나 숙박 시설, 식당 가운데 선정하게 된다. 상을 받은 곳은 자연스
럽게 홍보 효과를 얻게 된다는 장점이 있고, 나아가서 업체들은 시
장의 좋은 반응을 유지하기 위해 서비스의 품질을 더욱 높이려고
노력하게 되어 기대 이상의 선순환 효과로도 이어지고 있다. 이처럼
트립어드바이저는 창업 이후 성공적으로 시장에 안착하면서 2004

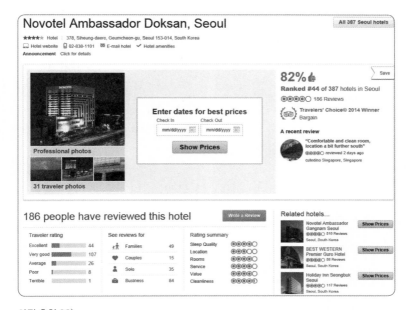

사진 출처 33)
트립어드바이저는 사용자가 직접 작성한 정직한 후기를 데이터베이스로 구축하면서 신뢰도를
높였다.

년 여행 예약 사이트인 엑스피디아(Expedia)에 인수되며 다시 한 번 세상의 이목을 끌었다. 당시 인수 금액만 약 4,300억 원에 달했던 것으로 알려졌다.

기술적인 측면에서도 트립어드바이저는 특별한 첨단 기술을 기반으로 하지는 않았다. 온라인 광고를 제공하는 일반적인 플랫폼 개발과 사용자들의 방문 패턴을 분석하는 기본 툴을 활용해 사용자들의 유형에 맞는 광고와 후기를 보여줄 수 있도록 하는 기본 기술이 전부였다. 그럼에도 트립어드바이저가 시장에서 큰 호응을 얻을 수 있었던 것은 여행객인 사용자와 정보 제공자인 호텔, 여행사 간의 상호 정보 검증과 실시간 예약 등의 편리함 덕분이었다.

일반적으로 호텔이나 여행지 등의 단체에서는 그들이 직접 광고하는 일방적인 정보 제공에 그쳤지만, 트립어드바이저는 사용자가 직접 작성한 정직한 후기를 데이터베이스로 구축하면서 매우 신뢰도 높고 효율이 높은 광고를 제공할 수 있었다. 이러한 탄탄한 사업 모델 덕분에 여행하고 싶어하는 모든 사람을 타깃으로 하는 광범위한 시장 전략에도 성공적으로 사업을 추진할 수 있었다.

사실 트립어드바이저는 창업 초기부터 바로 수익을 올리지는 못했다. 이들의 서비스가 시장에서 호응을 얻기까지는 무려 3년의 세월이 걸렸다. 자칫하면 서비스를 접고 사업을 포기할 뻔한 긴 시간이었다. 하지만 그 시기를 견뎌낸 결과 트립어드바이저는 명실상부

월간 순 방문자 수 추이

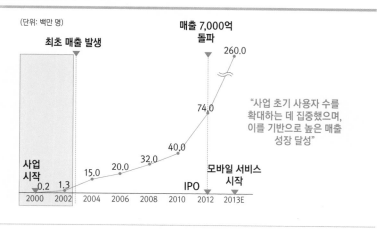

한 여행 정보 사이트로 성장할 수 있었다. 이러한 점에서 볼 때 창업 초기의 기업은 수익 창출 시점을 빠르게 당기면 좋은 것이지만, 단기적으로 빠르게 올리는 것보다는 앞으로 수익을 낼 수 있도록 탄탄한 초석을 다지는 것이 더욱 중요하다는 것을 알 수 있다.

트립어드바이저도 이를 위해 초기 3년간 방문자 수를 늘리는 데 집중했다. 사용자들의 정보가 쌓이고 이를 통해 시장의 신뢰도가 쌓이기 시작하자 2003년 최초의 매출이 발생하면서 지속적인 성장세를 달렸고 2012년에는 7,000억 원을 돌파했다. 또한 2012년 기업공개와 함께 더욱 안정적인 성장세를 만들어가고 있다.

: : 트위터(Twitter)

사진 출처 34)
글로벌 소셜 네트워크 서비스 업체, 트위터

트위터는 2006년, 잭 도르시(Jack Dorsey), 에반 윌리암스(Evan
Williams), 비즈 스톤(Christopher isaac 'Biz' Stone) 등 세 명의 공
동 창업자가 설립한 소셜 네트워크 서비스 업체다. 트위터의 비즈니
스 모델은 전적으로 광고를 통한 수익 창출을 추구하고 있는데 프
로모티드 트위트(Promoted Tweet), 프로모티드 트렌즈(Promoted
Trends), 프로모티드 어카운츠(Promoted Accounts) 등 세 가지 광
고 형태를 통해 광고 사업을 펼치고 있다.

'프로모티드 트위트'는 실시간 타임라인을 활용해서 특정 상품
을 여러 사람에게 홍보하는 광고 서비스를 말하며 '프로모티트 트
렌즈'는 메인 화면의 실시간 트렌드 공간을 활용한 광고다. 마지막

사업 모델

프로모티드 트위트	• 타임 라인 등을 활용하여 특정 상품을 여러 사람에게 홍보 가능
➕	
프로모티드 트렌즈	• 메인 화면의 실시간 트렌드 공간을 활용한 광고
➕	
프로모티드 어카운츠	• 특정 트윗이 아닌 트위터 계정을 홍보함으로써, 장기적인 제품 및 이벤트 홍보에 활용

으로 '프로모티드 어카운츠'는 특정 트윗이 아니라 트위터 계정을 홍보함으로써 장기적으로 제품이나 이벤트를 홍보하는 광고를 의미한다.

트위터는 창업 이후 세계적으로도 큰 붐을 일으키며 호응을 얻었고 기업 공개 시 약 16조 이상의 기업 가치를 인정받을 것으로

사업 성과

가입자 수

(단위: 억 명)

연평균 66.7% 성장

매출	약 3,500억 원 (2012년 기준)
시가 총액	약 22조 원

1.8 — 2010
3.0 — 2011
5.0 — 2012

예상되고 있다. 2012년 상반기를 기준으로 약 5,000억 원의 매출을 기록했다.

　트위터는 사업 모델에 강점을 보이는 이노베이터로서 성공 요소를 펜타-매트릭스 관점에서 분석해보면 다음과 같다.

펜타-매트릭스 분석　　　　**성공 요인별 설명**

비전	• 커뮤티케이션 플랫폼 확정
파트너	• 벤처 캐피털 총 8차례 약 1.3조 원 투자
기술	• 대용량 트래픽의 안정적 서비스 운영을 위한 실시간 트래픽 처리 기술, 데이터 분석 기술 등을 보유
사업 모델	• 모든 수익 활동은 광고 수수료에 기반하고 있으며, 홍보 대상 및 제품에 따라 다양한 모델 제시
시장	• 사업 초기 젊은 연령층으로 타깃팅 하였으나, 대중으로 확대

　창업 당시 트위터의 비전은 '커뮤니케이션 플랫폼 혁명(Communication Platform Revolution)'이었다. 이들의 서비스 기반 기술은 대용량 트래픽 서비스를 해결하는 트래픽 처리 기술, 데이터 분석 기술이었으며 벤처 캐피털로부터 8차례에 걸쳐 1조 원대의 투자금을 확보했다.

　사업 초기 트위터의 타깃 시장은 젊은 연령층으로 설정되었지만

향후 수익 창출이 가능한 초석을 마련하라

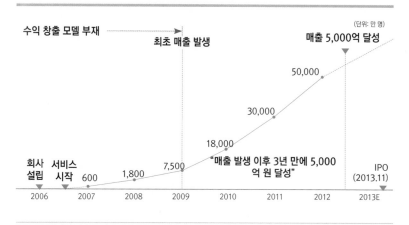

출처: Industry Report, Media Research, 관계자 인터뷰, ADL Analysis

곧 전 연령대의 대중으로 확대되었다. 기존 SMS, 인터넷 메신저, 블로그 등의 장점을 조합해 완성된 '신개념 SNS'가 세대를 초월하며 큰 호응을 얻었다. 사실 트위터는 위의 그림에서 보듯이 사업 초기에 곧바로 수익을 올리지는 못했다.

그러나 창업자들은 온라인 사업의 핵심 경쟁력은 회원 수와 트래픽 수를 늘리는 것이라는 확신을 지니고 있었고, 이를 위해 회원 수 확대에 집중했다. 트위터가 주창한 신개념의 SNS를 제공하기 위해 문자 서비스(SMS), 블로그, 인터넷 메신저, 커뮤니티 게시판 등이 갖는 특장점을 뽑아서 하나로 모아 트위터만의 서비스를 구현했다. 즉, SMS의 신속성, 블로그의 저장성, 커뮤니티의 공유성, 메신저의

사용자 확대 방안

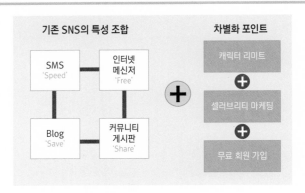

무료성이 그것이었다.

　여기에 차별화 요소로 포인트를 두는 것도 잊지 않았다. 그것은 바로 캐릭터 리미트(Character Limit)라는 간결함과 셀러브러티 마케팅(Celebrity Marketing)이었다. 캐릭터 리미트란 작성 시 140자 이내로 글자수의 제한을 두는 것이었으며 셀러브리티 마케팅이란 유명인들이 트위터를 사용하게 함으로써 이들의 트위터를 통해 마케팅을 펼치고 회원 가입을 유도하는 것을 의미한다. 실제로 이러한 전략 아래 트위터는 2006년 설립 이후 3년간 매출이 전혀 없었지만 2009년, 최초의 매출이 발생한 이후 꾸준히 성장하면서 2012년 상반기에 5,000억 원대를 달성했고, 2013년에는 기업 공개를 통해 20조 원대의 기업 가치를 인정받은 바 있다.

: : 네이버(Naver)

사진 출처 35)
국내 대표 검색 포털 업체, 네이버

　　이노베이터 유형의 국내 업체로는 대표적으로 네이버를 예로 들수 있다. 네이버는 2001년, 열 명의 멤버가 공동 창업한 국내 검색포털 서비스 업체로 현재 동종업계에서 독보적인 입지를 차지하고있다. 2012년 기준, 게임 부문의 매출을 제외하고 검색 광고, 디스플레이 광고의 매출만으로도 약 1조 5,000억 원을 기록하고 있으며 전체 2조 4,000억 원의 매출을 올린 바 있다. 또한 시가 총액은20조 5,000억 원에 달한다.

네이버는 이노베이터 유형답게 시장과 고객 욕구에 **빠르고** 민감하게 대응하면서 성공의 키를 잡았다.

고객 니즈 변화에 민감하게 대응하라

고객 니즈 대응 프로세스

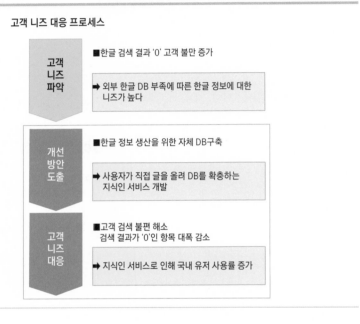

네이버가 창업 초기 주목한 시장의 욕구는 당시 검색 포털에 대한 사용자들의 불만이었다. 인터넷 붐이 막 일기 시작한 인터넷 초창기, 검색 포털을 이용하던 이들은 한글 DB가 부족해 검색 결과가 궁색하다는 불만을 제기하기 시작했고 네이버는 이를 해결할 방

지식 in 서비스

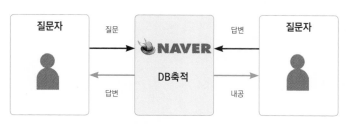

세계 최초 쌍방향 Q&A 기반 검색 서비스

법 찾기에 몰두했다. 이러한 고민 끝에 개발된 서비스가 일명 지식
인 서비스였다.

지식인 서비스란 사용자 가운데 누군가 궁금한 내용에 대해 질
문을 올리면 사용자 가운데서 불특정한 누군가가 답변을 올림으로
써 서로 정보를 주고받는 것을 말한다. 이때 응답자의 답변은 질에
따라 내공이라는 평가를 받게 되고, 응답자는 내공의 양에 따라 등
급을 받게 된다. 이처럼 지식인 서비스라는 최초의 쌍방향 Q&A 기
술을 통해 창업 초기 부족했던 한글DB를 확충해나갔다.

사실 지식인 서비스를 개시할 초기만 해도 네이버 내에서조차
반신반의하는 분위기였던 것으로 전해진다. '과연 누가 답변을 올릴
것인가?' 하는 의구심이 일었던 것이다. 그런데 이러한 의문은 한국

인 특유의 문화와 정서를 이해함으로써 간단히 해결되었다. 즉, 지식인 서비스는 '내가 많이 알고 있는 것을 남들에게 알리고 싶어하는 한국인 특유의 과시욕과 이를 인정받음으로써 만족을 느끼는 욕구'를 충분히 자극했다. 이 덕분에 응답자들이 늘어나거나 내공 지수를 쌓으려는 이들이 늘어나면서 지식인 서비스는 빠르게 활성화될 수 있었다.

실제로 2001년, 지식인 서비스를 제공하지 않을 당시 네이버는 시장 점유율 1위로 33%를 차지하던 야후에 이어서 19%의 시장 점유율을 기록하는 2위 업체에 불과했다.

그러나 지식인 서비스를 론칭한 이후 2003년을 기점으로 국내

시장 점유율 변화 추이

세계를 사로잡은 그들은 시작부터 달랐다

1위 검색 포털에 등극하기에 이른다. 또한 네이버는 현재 시장 점유율 73%로 명실상부한 국내 대표적인 1위 포털 업체로 성장했다. 한때 네이버는 모바일 시대에 대한 대응이 늦어 카카오톡에 밀리기도 했지만 해외 시장 개척으로 이를 극복하고 있다. 네이버의 모바일 메신저 서비스 라인은 일본, 동남아시아 등 아시아를 중심으로 3억 5,000만 명이 사용 중이며 곧 5억 명을 넘어설 것으로 전망되고 있다. 특히 20여 개국에서 네이버 광고주를 확보하면서 2013년에는 4,500억 원의 매출을 올리기도 했다.

04

포지셔너
_틈새형
창업

: : 포지셔너의 정의

포지셔너는 특정 시장을 공략해서 성공한 틈새형 창업 형태를 말한다. 특별한 기술이나 사업 모델보다는 팔아야 할 제품과 서비스를 어떤 대상에게 제공할 것인지, 즉 '고객이 누구인지에 대한 청사진'이 명확한 유형이 바로 포지셔너라 할 수 있다. 이처럼 고객 욕구에 충실하게 집중해 시장이 원하는 제품과 서비스를 만들어낸 유형으로는 다음과 같은 여섯 업체를 예로 들 수 있다.

먼저, 아소스(Asos)로 18세에서 32세 연령대의 젊은 패션 리더,

펜타-매트릭스 분석

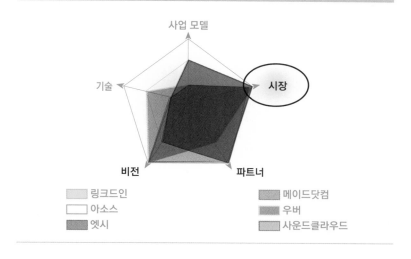

패션 피플을 대상으로 했으며 이들의 구미에 맞는 옷을 합리적인 가격으로 제공하자는 모토로 출발한 인터넷 의류 쇼핑몰이다.

　두 번째, 엣시(Etsy)는 수공예품 전문 글로벌 오픈 마켓이며 세 번째, 링크드인(Linked in)은 전문직 종사자들을 대상으로 한 소셜 네트워크 서비스와 구인구직 서비스 전문 업체다.

　네 번째, 메이드닷컴(Made.com)은 디자인 가구를 판매하는 온라인 쇼핑몰로 유통 단계를 축소해 고가의 디자인 가구를 비교적 저렴하게 구매할 수 있도록 했다. 다섯 번째, 사운드클라우드(Soundcloud)는 음악을 만드는 사람들의 음악 파일 공유 플랫폼으로 출발해 다양한 음원 서비스 제공 업체로 성장한 사례이며 마지막으로 우버(Uber)는 하이엔드 대중교통 서비스를 이용하고자 하는 대상을 타깃으로 서비스를 론칭해 성공을 거둔 사례이다. 이들 기업에 대한 자세한 분석은 다음에서 계속해보자.

: : 아소스(ASOS)

사진 출처 36)
젊은 여성을 위한 인터넷 온라인 쇼핑몰, 아소스

아소스는 2000년, 닉 로버슨(Nick Robertson) 등 두 명의 공동 창업자가 설립한 인터넷 온라인 쇼핑몰이다. 아소스에서 판매되는 의류는 젊은 고객층이 좋아하는 저렴한 가격의 트렌디한 제품으로 구성하고 있으며 판매 브랜드는 아소스 자체 브랜드와 타 브랜드 의류, 중고 제품 등으로 구성돼 있다.

사업 모델

자체 브랜드 판매 ➕	• 유행에 민감한 젊은 고객층 대상으로 트렌디한 저가의 브랜드 출시
타 브랜드 판매 대행 ➕	• 타 브랜드 제품 판매 시 발생하는 판매 수수료 취득
중고 장터	• 패션 피플을 위한 커뮤니티 및 중고 장터를 운영하고 있으며, 거래 발생시 수수료 취득

특히 중고 제품을 판매하는 중고 장터는 젊은 패션 피플을 위한 커뮤니티로 운영되는데, 이때 거래가 성사될 때 발생하는 거래 수수료가 아소스의 수입원이 된다.

아소스의 매출은 최근 3년 동안 연간 40%의 성장률을 보이며 고속 성장을 거듭했다. 2013년 기준 1조 3,000억 원의 매출을 올렸고, 시장 가치 역시 2011년 대비 2년 동안 거의 25배가 증가하며 약 3조 원 정도의 시가 총액을 보유하고 있다.

사업 성과

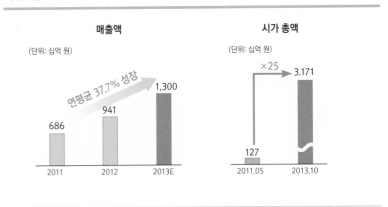

매출액
(단위: 십억 원)

연평균 37.7% 성장

686 (2011)
941 (2012)
1,300 (2013E)

시가 총액
(단위: 십억 원)

×25
3,171 (2013.10)
127 (2011.05)

아소스의 성공 비결을 펜타-매트릭스에 의해 분석해보자.

펜타-매트릭스 분석

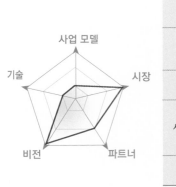

성공 요인별 설명

비전	• 합리적이고 예쁜 옷을 전 세계에 공급
파트너	• 가족 투자로 240만 파운드 조달 • 운영, 마케팅, 웹 개발자 등 4명의 초기 파트너와 협업
기술	• 전자 상거래 관련 기술 • 웹 디자인 및 개발 기술
사업 모델	• 고객의 니즈에 부합하는 저가의 자체 브랜드 개발 • 중고 장터 및 타 브랜드 판매 대행 수수료 취득
시장	• 패션 트렌드에 민감한 젊은 세대의 패션 피플 집중 공략

우선 아소스의 가장 큰 창업 무기는 '젊은 여성'이라는 특정 계층을 타깃팅 했다는 점이다. 창업 당시 아소스의 비전은 '합리적이고 예쁜 옷을 전 세계에 공급한다'는 것으로 비교적 평범했다.

창업 자금 역시 창업자 가족들의 투자를 통해서 240만 파운드를 조달하는 오히려 평범한 창업의 모습을 보였다. 창업과 함께 운영, 마케팅, 웹 개발자 등 네 명의 파트너를 영입했으며 기술이나 사업 모델 역시 일반적인 온라인 쇼핑몰이라는 점에서 큰 특징을 보이진 않았다.

그러나 아소스는 패션 트렌드에 민감한 젊은 세대를 집중 공략하기 위해 이들이 원하는 패셔너블한 아이템들을 경쟁 업체보다 20% 싼 가격으로 공급함으로써 경쟁력을 갖춰나갔다. 젊은 층의 호

사진 출처 37)
아소스는 패셔너블한 아이템들을 경쟁 업체보다 20% 싼 가격으로 공급함으로써 경쟁력을 갖춰나갔다.

응을 손쉽게 이끌어내면서 빠르게 시장의 붐을 일으킬 수 있었다.

아소스의 사례에서 보듯 기업이 성공하는데 비전은 분명 중요한 부분을 차지하지만 거창해야 할 필요는 없다. 비전을 갖고 있는가와 창업 멤버들이 그 비전을 공유하고 있는가가 더욱 중요하다. 아소스의 공동 창업 멤버인 닉 로버슨(Nick Robertson, OBE)이 '합리적이고 예쁜 옷을 전 세계에 공급한다'는 비전을 세운 것은 아주 우연한 기회에 떠오른 아이디어 덕분이었다. 닉 로버슨은 아소스 설립 이전에 다양한 분야에서 여러 경험을 쌓아온 인물이었다. 바쁜 하루 속

비전을 갖는 것 자체가 중요하다

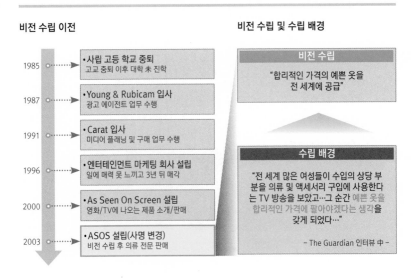

에서 그는 우연히 TV를 통해서 전 세계의 많은 여성이 자신의 수입 상당 부분을 의류나 액세서리 구매에 사용한다는 정보를 접하게 되었다. 어쩌면 막연하거나 별것 아닌 정보였지만 그는 그 시점에서 지금의 아소스 서비스를 구상하게 되었다. 당시만 해도 이는 매우 엉뚱한 생각으로 치부되었다. 그럼에도 그는 젊은 여성들이 원하는 예쁜 옷을 합리적인 가격에 전 세계에 공급하고 싶다는 비전까지 도출하게 되었고, 그것이 아소스의 창업을 잉태하는 시작이었다.

2003년 설립한 이후 아소스는 10년 동안 패션 외길을 걸으며 항상 시장 가격 대비 20% 정도 저렴한 가격으로 패셔너블한 제품을 공급한다는 원칙을 고수하고 있다. 이러한 전략이 맞아떨어지면서

사업 성과

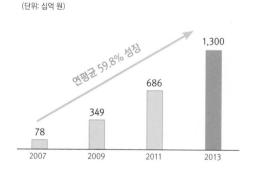

(단위: 십억 원)

연평균 59.8% 성장

2007	2009	2011	2013
78	349	686	1,300

2007년부터는 60%에 가까운 연평균 성장률을 기록했으며 2013년 기준으로 1조 3,000억 원대의 매출을 올렸다.

: : 엣시(Etsy)

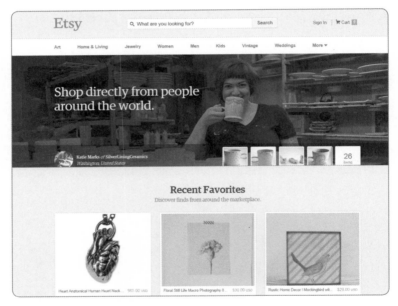

사진 출처 38)
수공예품 온라인 오픈 마켓, 엣시

엣시는 2005년, 로버트 칼린(Robert Kalin)을 비롯한 세 명의 공

사업 모델

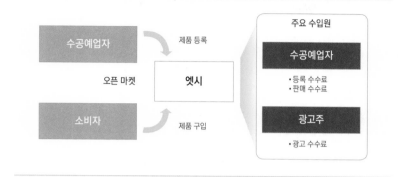

동 창업자가 설립했다. 수공예품을 판매하는 온라인 오픈 마켓으로 현재 600여 명의 구성원이 종사하고 있다.

엣시의 사업 모델은 앞서 언급했듯 온라인 오픈 마켓 플레이스를 제공하는 것이다. 단, 반드시 수공예품이라는 한정 품목만을 취급하도록 했다. 수공예업자가 자신들이 만든 제품을 등록하면 소비자들이 그 제품을 구입하고 엣시는 중간에서 관계를 연결하고 수수료를 수익원으로 얻는 장터 제공자가 된다.

이 밖에 주요 수익원은 수공예업자의 광고 유치를 통해서도 발생한다. 수공예업자들은 등록 수수료와 판매 수수료를 부담하게 되는데, 등록 수수료는 말 그대로 어떤 제품을 등록할 때마다 수수료를 내는 것이고 판매 수수료는 그 제품이 팔릴 때마다 지급하는 수수료를 의미한다. 수수료 수입 외에도 엣시는 광고주들에게 매우 인

사업 성과

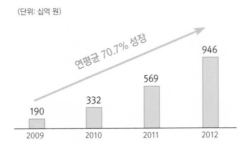

(단위: 십억 원)

연평균 70.7% 성장

946

569

332

190

2009   2010   2011   2012

**"1,500만 명 이상의 수공업자들이
290만 개의 아이템을 150개 국으로 배송"**

기가 좋아 광고 수수료도 중요한 수익원을 차지하고 있다.

엣시는 최근 4년 동안 연평균 70%의 성장을 보이고 있다. 사이트에 등록된 수공예업자의 규모는 약 1,500만 명에 이르며 이들을 통해 연간 290만 개의 수공예품이 공급되고 있다. 또한 세계적으로 150개국 이상에서 엣시의 서비스가 제공된다.

엣시는 틈새시장을 잘 개척한 포지셔너로 펜타-매트릭스에 따른 분석 결과는 다음과 같다.

창업 초기 엣시의 비전은 '건전한 상거래를 통한 수공예품 시장의 활성화'였다. 이를 토대로 창업 초기부터 벤처 캐피털과 우호적인 관계를 유지하며 투자를 이끌어내 현재까지 100억 원대의 자금을 유치하며 안정적으로 사업을 이끌고 있다. 인터넷 쇼핑몰이라는 비

펜타-매트릭스 분석	성공 요인별 설명

비전	• 건전한 상거래에 기반한 수공예품 시장의 활성화
파트너	• 벤처 캐피털로부터 총 91만 7,000달러 투자 유치
기술	• 전자 상거래 관련 기술 • 웹 디자인 및 개발 기술
사업 모델	• 온라인 오픈 마켓플레이스 운영을 통해 제품 등록 수수료 및 거래 수수료 취득 • 광고 수수료 취득
시장	• 틈새시장인 수공예품 시장에 대한 전략적 타깃팅

교적 간단한 사업 모델을 바탕으로 하고 있기 때문에 엣시는 전자 상거래 관련 기술이나 웹디자인 개발 기술 등 인터넷 쇼핑몰 구축과 운영에 필요한 기초 기술을 기반으로 출발했다.

엣시의 가장 큰 특징은 틈새시장인 수공예품 시장을 전략적으로 타깃팅함으로써 세계적으로 사업을 확장했다는 점이다. 수공예품 시장은 지역마다 매우 한정적이지만 이를 세계 시장으로 확대하면 엄청나게 큰 시장으로 발전할 수 있다. 엣시는 바로 이 점에 주목했으며 이 점이 바로 창조 창업에서 눈여겨봐야 할 점이라고 할 수 있다.

틈새시장을 개척하라

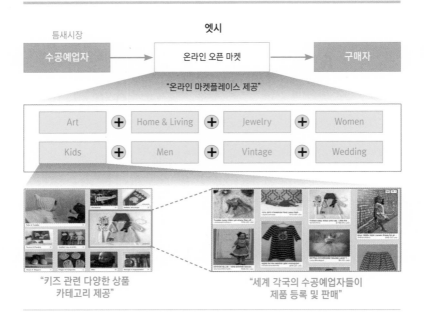

엣시는 창업 초기 6년 동안 30여 개 국가로 서비스를 확대했고, 현재는 약 200개 국가로 확장하고 있다. 저렴하고 빠른 서비스로 인정을 받으면서 세계 시장으로 빠르게 확산되었는데, 회원 전용 커뮤니티나 무료 회원제 같은 서비스를 통해 단기간 내에 회원 수를 빠르게 확보했다. 현재 엣시를 이용하는 회원 수만 약 1,900만 명에 이를 정도다. 매출은 2007년 이후 6년 동안 40배 이상 성장하면서 현재 1조 원대의 매출을 올리고 있다. 판매 수수료와 광고 수수료가

주 매출을 구성하고 있다.

사업 성과

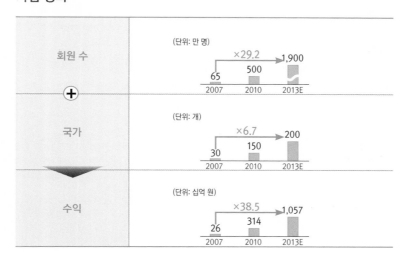

:: 링크드인(linkedIn)

링크드인은 2003년, 레이드 호프만(Reid Hoffman)이 창업한 전문직 종사자 대상 SNS 업체다. 구직자를 대상으로 하는 유료 회원제 서비스와 구인을 원하는 기업을 대상으로 제공하는 채용 서비스, 광고 수수료 등을 주요 수익원으로 구성하고 있다.

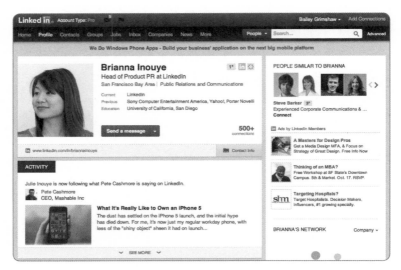

사진 출처 39)
전문직 종사자 대상 SNS 업체, 링크드인

사업 모델

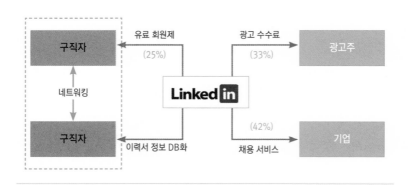

세계를 사로잡은 그들은 시작부터 달랐다

최근 4년간 링크드인의 연평균 성장률은 84%로 높은 성장률을 기록했으며 특히 2011년 상장한 이후 더욱 주가를 높이고 있다. 2013년 기준 시가 총액이 30조 원에 달할 정도로 매우 높은 성장성을 인정받고 있다. 2012년 기준 3,500여 명의 구성원이 종사하고 있다.

사업 성과

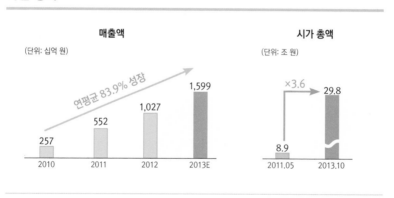

링크드인은 틈새시장을 잘 개척한 포지셔너로서 펜타-매트릭스로 분석한 결과는 다음과 같다.

링크드인의 창업 비전은 '세계 최초로 전문직 중심의 프로패셔널 소셜 네트워크 서비스를 만들겠다(The first professional social networking service in the world)'는 것이었다.

| 펜타-매트릭스 분석 | 성공 요인별 설명 |

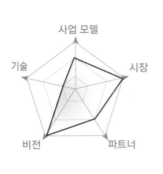

비전	• 세계 최초로 전문직 중심의 프로페셔널 소셜 네트워크 서비스를 만들겠다
파트너	• 사업 초기 벤처 캐피털로부터 500만 달러 투자 유치 • 회사 설립 시 5명의 핵심 운영 및 기술 인력 확보
기술	• 빅 데이터 활용 기술
사업 모델	• 구직자 대상 유료 회원제 운영 • 구인 기업 대상 채용 수수료 및 광고주 대상 광고 수수료 취득
시장	• '전문직 종사자'라는 특정 계층에 대한 전략적 타깃팅

　　창업 초기, 벤처 캐피털로부터 50억 원가량의 투자를 받았으며 5명의 핵심 운영과 기술 인력을 파트너로 확보하며 공동으로 사업을 숙성시켜 나갔다. 링크드인의 기반 기술은 빅 데이터 활용 기술이 사용되었지만 비교적 보편적인 기술을 바탕으로 했다. 사업 모델 역시 특이한 경쟁력보다는 세 가지 모델을 통해 수익원을 설정함으로써 안정적으로 수익을 창출했다는 점이 사업 성공의 기반이 되었다. 가장 주요한 성공 요소는 '전문직 종사자'라는 특정한 계층을 전략적으로 타깃팅하여 시장의 차별화를 이끌어내었다는 점이다.

　　즉, 링크드인은 소셜 네트워크 서비스라는 보편적인 사업 모델을 전문직 종사자들에게 집중함으로써 명확한 고객 타깃팅을 완성했고 이들의 욕구 파악을 통해서 전략적인 수익 창출을 가능하게 했다.

실제로 전문직 종사자들에게는 두 가지의 욕구가 존재하고 있었다. 첫 번째는 구직을 원하는 전문직 종사자들만의 공유의 장이었으며, 이를 통해 정보 공유를 하며 인적 네트워크를 확대하고 싶다는 것이었다. 두 번째는 좋은 구직, 좋은 이직 기회를 공유하는 것이었다. 전문직이라는 한계 때문에 구직 정보가 매우 한정적이어서 쉽게 접하기 어렵다는 문제가 있기 때문이었다.

타깃은 명확하고 구체적으로 선정해라

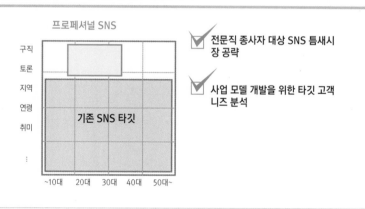

출처: LinkedIn website, Industry Report, media Research, 관계자 인터뷰, ADL Analysis

이러한 전문직 종사자들의 욕구를 공략한 SNS는 빠르게 회원을 확보하며 확산했다. 회원이 급증하자 이들을 대상으로 하는 광

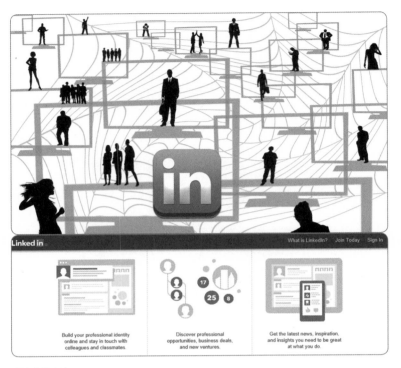

사진 출처 40)
전문직 종사자들의 욕구를 공략한 SNS는 빠르게 회원을 확보하며 확산했다. 회원이 급증하자
이들을 대상으로 하는 광고나 기업들의 채용 서비스 또한 활성화되었다.

고나 기업들의 채용 서비스 또한 활성화되었고 광고 수수료도 차츰
증가했다. 특히 채용 서비스는 구인을 희망하는 업체가 채용 공고를
낼 수 있는 온라인 공간을 판매하는 것으로 링크드인의 매출 가운
데 42%를 차지할 만큼 가장 큰 비중을 차지하고 있다. 연간 5,000
개 이상의 업체가 이 서비스를 활용하고 있다.

이 밖에 링크드인 사이트에 광고를 게재함으로써 발생하는 광고 수수료 역시 중요한 수익원으로 현재 약 4만 개 기업이 링크드인의 광고면을 사용하고 있다. 링크드인에 몰려드는 광고는 주로 인터뷰 기술, 라이팅 기술 등 구직자들의 커리어에 도움이 될 만한 서비스나 제품들에 관련된 광고들이 주류를 이룬다.

유료 회원제는 회원들의 등급별로 차별화해 운영하고 있다. 등급에 따라서 월 25달러, 50달러, 100달러 수준으로 책정돼 있고, 이들에게 각자 등급에 따라 볼 수 있는 구인, 구직 정보가 차등 제공된다. 링크드인은 특히 중소기업에 주목하고 새로운 허브를 선보였다. 대기업들은 자체 구인 시스템을 갖추고 있는 경우가 많은데, 중소기업은 전체 일자리 가운데 미국은 70%, 한국은 90%의 비중을 차지하면서도 인사 시스템이 잘 갖춰지지 않았기 때문이다. 링크드인은 중소기업과 구직자들을 연결해주는 기능은 물론 제품의 해외 진출을 연결해 주는 서비스도 선보이고 있다.

:: 메이드닷컴(Made.com)

메이드닷컴은 2010년, 줄리엔 칼리드(Julien Calleede) 등 세 명의 창업자가 설립한 디자인 가구 온라인 쇼핑몰이다. 자기 자본으

사진 출처 41)
디자인 가구 온라인 쇼핑몰, 메이드닷컴

로 창업한 사례로 2012년 기준 110여 명의 직원을 보유하고 있다.

메이드닷컴의 사업 모델은 비교적 단순하다. 디자인 가구를 원하는 사람들에게 저렴하고 합리적인 가격으로 디자인 가구를 판매하는 것이다. 단, 메이드닷컴의 판매 방식 가운데 특이한 점은 공개투표에 의한 디자인 선정을 통해 디자이너와 가구를 함께 만들어간다는 점이다. 즉, 각 디자이너가 자신의 디자인을 메이드닷컴 측에 제출하게 되면 1차 선별된 디자인 시안을 회원들이 공개 투표를 한 후에 최종적으로 몇 개의 작품을 선정하게 된다. 이렇게 선정된 제품에 대해서 구매를 원하는 사람들이 사전 주문을 하게 되면 그 수량만큼 중국의 가구 제조 업체에서 OEM 생산을 하게 된다. 이로써 안정적이고 저렴한 가격의 디자인 가구를 공급할 수 있도록 했다.

사업 모델

"중간 유통 과정 생략을 통해 저렴한 디자인 가구 공급"

저렴한 디자인 가구라는 특징이 시장에서 호응을 얻게 되면서 메이드닷컴은 2010년 회사를 설립한 이후에 3년 동안 300%를 넘는 폭발적인 성장률과 약 1,500억 원의 매출을 기록하며 성장하고 있다. 현재 유럽, 중국의 디자인 가구 시장을 중심으로 운영하고 있으며 앞으로 시장을 더욱 확대할 계획이다.

메이드닷컴은 틈새시장을 잘 개척한 포지셔너로서 펜타-매트릭스를 통해 분석해보면 다음과 같다.

메이드닷컴의 초기 비전은 '디자이너 가구를 보급하고 이를 통해 소비자의 만족과 가치를 끌어낸다'는 것이었다. 메이드닷컴은 초

펜타-매트릭스 분석

성공 요인별 설명

비전	• 디자이너 가구 보급 및 소비자 대상 가치 창출
파트너	• 벤처 캐피털 850만 파운드 투자
기술	• 전자 상거래 관련 기술 및 데이터 처리 기술
사업 모델	• 중간 유통 과정 생략을 통해 합리적인 가격의 디자인 가구를 제공함으로써 거래 수수료 취득
시장	• 디자인 가구 시장이라는 틈새시장에 대한 전략적 타깃팅

기에 벤처 투자자들로부터 두 차례에 걸쳐서 250만 파운드와 600만 파운드의 투자를 유치하며 론칭했다. 인터넷 쇼핑몰로 운영된다는 점에서 기반 기술은 전자 상거래와 데이터 처리 관련한 기본 기술을 바탕으로 했다. 사업 모델은 중간 유통 과정을 생략하고 합리적인 가격으로 디자인 가구를 제공한다는 점에서 강점을 보였다.

특히 메이드닷컴이 성공한 이유이자 대표적인 경쟁력은 디자인 가구 시장이라는 틈새시장을 공략한 것이다. 창업 당시만 해도 디자인 가구는 일반 가구나 양산형 가구보다 상당히 고가의 가격대를 형성하고 있었으며, 소비자들이 자신이 원하는 가구 디자인에 대해 의견을 내기도 어려웠다. 그런데 고객의 의견이 반영된 디자인 가구를 상품화하자 뜨거운 호응을 얻었고 그것이 설립 3년 만에 폭발적

고객들이 서로 소통할 수 있는 커뮤니티를 만들어라

**"공모전별 블로그 운영을 통해 공개 투표 후보 디자인에 대한
고객들 간 의견 공유의 장 제공"**

사업 성과

(단위: 십억 원)

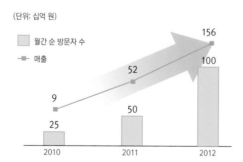

**"방문자 수 확대를 기반으로 단기간 내
매출 고성장 달성"**

인 성장을 가능하게 했다.

또한 메이드닷컴은 고객들이 서로 소통할 수 있는 커뮤니티를 통해서 성장했다. 공모전을 통해 다양한 디자인을 모집하고 선정된 디자인에 대해 각각 블로그를 운영하며 디자인에 대한 보완점 등 의견을 교류하도록 했다. 이러한 커뮤니티를 통해서 회원들 간의 입소문이 마케팅 효과를 일으키며 회원 수를 더욱 많이 확보하게 되고 구매자를 늘리게 하는 선순환의 효과가 이어졌다. 그러자 월간 순 방문자 수만 2년 동안 4배 이상 증가하며 빠르게 성장할 수 있었다.

: : 사운드클라우드(Soundcloud)

사운드클라우드는 2007년에 알렉산더 륭(Alexander Ljung)과 에릭 왈포스(Eric Wahlforss) 등 두 명의 공동 설립자가 창업한 음원 공유 플랫폼 제공 업체다. 사업 초기에 벤처 캐피털의 투자 유치에 성공하며 사업을 시작했고 현재 190명 정도의 구성원이 종사하고 있다. 사업 모델은 사운드클라우드 회원들에게 음원 업로드와 공유 서비스를 제공하는 것이며 회원 등급에 따라서 본인이 올릴 수 있는 음원 용량에 차이를 두고 있다. 회원비가 높은 회원일수록 더 많

사진 출처 42)
음원 공유 플랫폼 제공 업체, 사운드클라우드

사업 모델

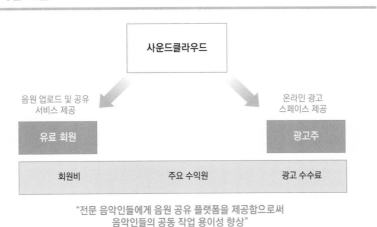

서비스 가입 회원 수

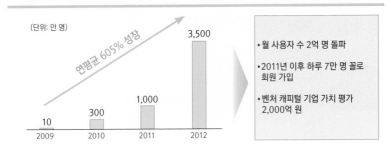

(단위: 만 명)

연평균 605% 성장

10
2009

300
2010

1,000
2011

3,500
2012

- 월 사용자 수 2억 명 돌파
- 2011년 이후 하루 7만 명 꼴로 회원 가입
- 벤처 캐피털 기업 가치 평가 2,000억 원

은 용량의 음원을 업로드하거나 다운로드할 수 있다. 이 밖에 광고 수수료를 부가적인 수익원으로 하고 있다.

사운드클라우드는 2009년 10만 명의 회원으로 출발했는데 4년 만인 2012년에는 3,500만 명을 돌파하며 매년 600%의 회원 수 증가율을 기록했다. 2011년 기준, 월 사용자 수는 2억 명을 돌파했는데 이를 환산하면 하루 평균 7만여 명의 신규 회원이 가입한 꼴이었다.

이렇게 폭발적인 성장이 가능했던 것은 전 세계의 전문 음악인을 대상으로 서비스를 제공했다는 점 덕분이었다. 업로드는 유료 회원만이 할 수 있지만 다운로드는 무료회원 누구에게나 개방함으로써 음악을 듣고자 하는 마니아들의 방문이 빠르게 늘어났다. 또한 회원들은 선호하는 음원을 URL[20]을 통해 공유하고 음악을 듣는 이들은 이를 통해 사운드클라우드의 회원으로 영입되면서 꼬리에 꼬리를 무는 회원가입이 연쇄적으로 벌어지게 되었다.

이러한 폭발적인 성장을 하는 사운드클라우드의 매출은 아직 공개되지 않고 있지만 벤처 캐피털의 추측에 따르면 2012년 기준으로 약 2,000억 원 정도의 기업 가치를 평가받고 있다.

사운드클라우드는 전문 음악인을 대상으로 음원 공유 서비스를 제공하는 전형적인 포지셔너로 펜타-매트릭스를 통해 분석해보면 다음과 같다.

펜타-매트릭스 분석

성공 요인별 설명

비전	• 소리가 곧 소통의 기반이다
파트너	• 사업 초기 2차례 종잣돈 획득 • 사업 확장 방안 구체화한 뒤 벤처 캐피털로부터 약 36억 원 투자 유치
기술	• 빅 데이터 처리 및 클라우드 기술
사업 모델	• 음원 공유 용량 등급에 따라 유효 회원제 운영 • 광고주들에게 수수료 취득
시장	• '전문 음악인'이라는 특정 고객층에 대한 전략적 타깃팅

사운드클라우드의 사업 초기 비전은 '소리가 곧 소통의 기반이다(Sound is basic of communication)'였다.

커뮤니티 활성화

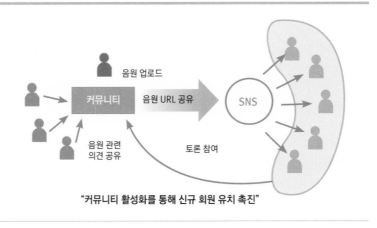

"커뮤니티 활성화를 통해 신규 회원 유치 촉진"

이러한 비전을 바탕으로 사업 모델을 구체화하며 벤처 캐피털로부터 2,500만 유로의 투자를 확보했다. 음원 공유 서비스를 기본으로 하므로 기술적으로는 데이터 처리나 클라우드 기술 등 보편적인 기술을 사용했다.

음원 공유라는 사업 모델은 비교적 높은 점수를 받고 있지만 이보다는 전문 음악인이라는 특정 고객에 대한 전략적 타깃팅이 사운드클라우드의 성공을 이끈 주요 포인트라고 할 수 있다. 사운드클라우드는 매출 발생을 유도하기 위해 사업 초기 회원 수 확보에 매우 집중했으며 이를 위한 커뮤니티 운영에도 많은 공을 들였다.

음악 장르별로 12개의 다양한 커뮤니티를 운영하고 있으며 커뮤

고객들이 서로 소통할 수 있는 커뮤니티를 만들어라

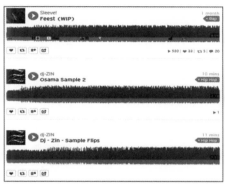

- 장르별 12개의 커뮤니티 운영 중
- 업로드 된 곡에 대해 자유로운 토론 가능
- 다운로드 및 SNS를 통해 음원 공유 가능

니티별로 매일같이 많은 신규 음원들이 업로드 되며 음악을 즐기는 사람들의 욕구를 채워준다. 또 마니아들은 음원을 듣는 것만이 아니라 음원에 대한 코멘트를 할 수 있도록 해 저작자들이나 회원들 간에 음원에 대한 의견을 공유하도록 했다.

또한 페이스북이나 트위터 같은 SNS를 통해서도 다각도로 음원을 공유할 수 있다. 이를 통해 곡에 대한 자유로운 토론이 가능하고 이러한 커뮤니티는 다시 회원들의 가입을 유도하는 매개체로 작용

가입 회원 수

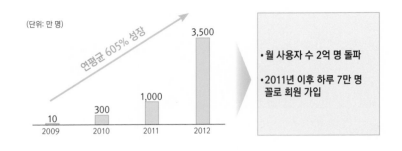

(단위: 만 명)

연평균 605% 성장

3,500

1,000

300

10

2009　2010　2011　2012

• 월 사용자 수 2억 명 돌파

• 2011년 이후 하루 7만 명 꼴로 회원 가입

하기도 한다. 그 결과 빠르게 회원 수를 늘려갈 수 있었다.

　사운드클라우드가 유튜브 등 동영상 공유 사이트와 차별화된 점은 창작 콘텐츠가 많다는 것이다. 흔히 유통되는 영상 콘텐츠는 TV나 영화 등 기존의 콘텐츠를 가공한 것이 대부분이다. 하지만 사운드클라우드의 창작물은 동영상보다 제작이 쉬운 음원을 기반으로 하고 있어 차별화된 콘텐츠가 많은 것이 특징이다. 이 밖에도 최근에는 광고 도입과 라이브 실황 중계 서비스 제공 등을 통해 수익 모델을 다변화하고 있다.

: : 우버(Uber)

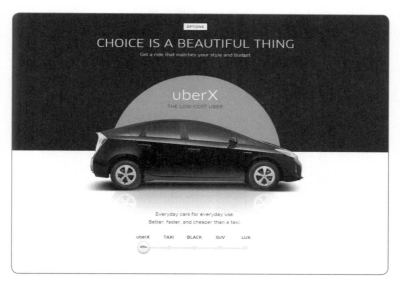

사진 출처 43)
프리미엄 대중교통 서비스 제공 업체, 우버

우버는 2009년, 트래비스 칼라닉(Travis Kalanick) 등 세 명의 창
업자가 설립한 프리미엄 대중교통 서비스 제공 업체다. 창업자들의
개인 자본과 벤처 캐피털의 투자를 통해 시작되었으며 2012년 기준
약 170명의 구성원이 종사하고 있다. 우버의 사업 모델은 리무진이
나 고급 승용차를 보유한 기사들과 고급 승용차 서비스를 이용하고
싶어 하는 승객을 연결하는 것인데 이때 서비스는 모바일 애플리케

사업 모델

리무진

UBER

리무진과 승객을 실시간으로 연결시켜주는 모바일 어플리케이션

이션을 통해서 이뤄지는 것이 특징이다.

　최근 들어 우버의 서비스가 큰 호응을 얻으면서 시장 가치가 매우 높게 평가되고 있다. 2011년 약 3,000억 원대로 평가되던 시장 가치는 2년 만에 약 3조 4,000억 원대로 올라서며 엄청난 성장을

사업 성과

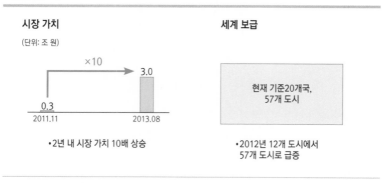

시장 가치

(단위: 조 원)

×10

3.0

0.3

2011.11　　　　　　2013.08

• 2년 내 시장 가치 10배 상승

세계 보급

현재 기준20개국,
57개 도시

• 2012년 12개 도시에서
57개 도시로 급증

보이고 있다. 현재 우버는 20개국 약 60개 도시에서 서비스를 펼치고 있다.

우버는 고급 교통 서비스를 원하는 특정 고객을 타깃으로 사업을 전개하는 포지셔너로 펜타-매트릭스에 따라 분석하면 다음과 같다.

펜타-매트릭스 분석

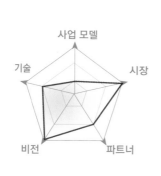

성공 요인별 설명

비전	•전 세계 도시의 대중 교통 시스템을 바꿔보자
파트너	•골드만삭스, 구글벤처스 등 거물급 투자자들로부터 약 3,000억 원 유치
기술	•차량 도착 시간 최소화, 차량 운용 효율 극대화를 위한 데이터 분석 및 수요 예측 기술 보유
사업 모델	•고급 승용차 기사와 승객 연결
시장	•'개인 기사 서비스', 'High-end 교통 서비스'를 원하는 고객 타깃팅

창업 당시 우버의 비전은 '전 세계 도시의 대중교통 시스템을 바꿔보자(Change transportation and logistics in urban centers around the world)'는 것이었으며 2010년, 벤처 캐피털의 투자 이후 지금까지 네 차례에 걸쳐 투자를 유치했다. 골드만삭스나 구글벤처

사진 출처 44)
우버의 서비스는 GPS를 활용해서 위치를 알아내고 도착 시각을 계산하며 이를 모바일 애플리케이션으로 구현해내는 보편적인 기술을 기반으로 한다.

스 같은 대형 투자처에서 총 3억 700만 달러, 우리 돈으로 약 3,000억 원대의 투자를 받은 것으로 알려졌다.

우버의 서비스는 특별한 기술적 기반이 필요하지는 않다. 단지 GPS[21])를 활용해서 위치를 알아내고 도착 시각을 계산하며 이를 모바일 애플리케이션으로 구현해낸 정도의 보편적인 기술 수준이면 충분한 서비스가 가능하다. 사업 모델 또한 콜택시처럼 고객과 기사를 연결하는 단순 모델이었다. 그럼에도 우버가 빠르게 성장할 수 있었던 것은 일반적인 교통 서비스 사용 고객이 아니라 '고급 승용차, 고급 교통 서비스'를 이용하고 싶어하는 틈새 사용자를 대상으로 한 덕분이었다.

　사실 고급 리무진을 보유한 기사들은 결혼식 웨딩카로 주말에 한 번, 3시간씩 대여하는 것이 전부이고 나머지 시간은 운행정지 상태로 두기에 십상이었다. 반면에 고급 리무진을 타고 싶어도 자가 보유가 어려운 이들은 리무진 서비스를 이용할 길이 없다는 맹점이 있었다. 우버는 이러한 두 계층의 욕구를 연결함으로써 새로운 시장을 만들어내었고 이것이 큰 호응을 얻었다. 이 서비스는 한 도시에서만 국한해 보면 매우 시장 규모가 작았지만, 세계로 눈을 돌리자 시장

세계 틈새시장을 개척하라

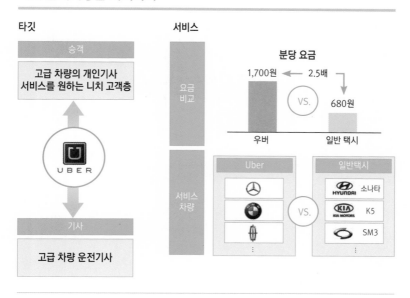

은 넓었으며 우버는 매우 빠르게 성장할 수 있었다.

창업 당시에는 이들의 사업 모델이 틈새시장을 겨냥한 작은 시장에 기반하고 있다는 우려가 있었지만 우버는 그렇게 생각하지 않았다. 이들은 이미 세계 시장 진출을 염두에 두고 있었다. 실제로 우버의 전략은 정확했다. 세계 시장으로 우버의 서비스가 확산하면서 빠르게 성장대로에 올라섰다.

: : 골프존(Golfzon)

사진 출처 45)
실내 스크린 골프 솔루션 제공 업체, 골프존

국내 기업 가운데 대표적인 포지셔너 유형으로는 골프존이 있다. 골프존은 2000년, 다섯 명의 멤버가 설립하였으며 실내 스크린 골프 솔루션과 골프장을 운영하고 있다. 매출은 2012년 기준 3,000억 원을 기록했다.

골프존이 타깃한 고객층은 골프에 갓 입문하여 필드에서 원활한 경기 운영이 어려운 골퍼 그리고 시간, 날씨, 금전적 제약 등으로 필드에 나갈 수 없는 골퍼들이었다. 이들 대부분은 자유롭게 골프를 즐길 여건을 갖추고 있지는 못했지만 골프를 즐기고 싶어하는 강한 욕구를 보유한 이들이었다.

타깃은 명확하고 구체적으로 선정해라

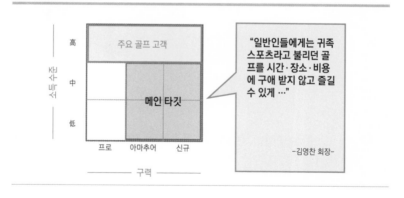

사실 골프존의 창업 당시만 해도 골프라는 스포츠는 귀족 스포

타깃 고객 니즈 대응 결과

골프존 매출 및 부가 서비스 출시 현황

(단위: 억 원)

나스모 레슨
서비스 론칭

골프존 라이브
서비스 제공

×3.2

스윙플레이트
설치

×2.6

×2.4

2,763

1,010

314

120

10   20   30   50

2002 2003 2004 2005 2006 2007 2008 ... 2012

츠라는 인식이 있었고 일반인들이 쉽게 접근하기 어려웠다. 그럼에도 골프를 즐기고 싶어하는 잠재 고객들이 많았는데, 골프존은 바로 이런 점에 착안해 골프존 서비스를 계획하게 된다.

특히 골프존은 창업 이후에도 고객들의 욕구를 지속해서 살피고 이들의 구미에 맞춘 새로운 서비스를 개발해 골프존 이용자들을 지루하지 않게 이끌었다. 2005년 설치한 스윙 플레이트나 각종 대회 유치, 레슨 서비스 같은 것이 대표적인 예다.

스윙 플레이트는 실제 필드와 유사한 경사각을 보여줄 수 있는 플레이트를 바닥에 설치하고 필드에 나온 것처럼 연습할 수 있는 환경을 제공하는 것이었다. 이 밖에도 골프존 라이브 서비스, 라이브 토너먼트라는 스크린 골프 대회를 개최해 흥미를 유발하고, 프로들의 레슨이 조금 부담스러운 계층을 위해서 론칭한 '나스모 레슨 서비스'도 큰 호응을 얻었다. 이는 스크린 골프장에서 스윙한 모습을 동영상으로 녹화해 프로에게 보여주고 무료 코칭을 받도록 하는 것인데 프로들의 레슨을 필요로 하는 이들의 구미를 제대로 공략한 서비스였다. 이후 골프존은 폭발적인 인기에 힘입어 가맹점 수가 전국에 6,000여 개로 늘어났다. 이에 골프존은 가맹점 수가 포화상태에 이르렀다고 판단해 2014년 1년 동안 가맹점 신규 공급을 중단하고 있을 정도다. 이후 골프존은 새로운 성장 동력으로 연습장과 레슨 사업, 온·오프라인 골프용품 판매 사업에 적극 뛰어들고 있다.

05

스탠다드
_표준형
창업

: : 스탠다드의 정의

스탠다드는 펜타-매트릭스의 구성 요소인 비전, 파트너, 기술, 사업 모델, 시장 등 모든 관점에서 두루두루 경쟁력을 갖춘 형태를 의미한다. 스탠다드 유형의 예로 글로벌 기업 가운데 두 곳의 사례를 들 수 있는데, 중국의 샤오미와 미국의 테슬라가 바로 그 주인공이다.

샤오미는 중국의 스마트폰 제조 업체다. 샤오미는 자체적으로 개발한 OS[22]기술을 기반으로 젊은 층인 20대의 트렌디한 성향에 발

펜타-매트릭스 분석

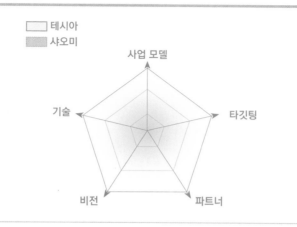

맞춰 저렴하게 발 빠른 제품을 선보이며 시장을 넓혀갔다. 특히 TV
나 오프라인 광고보다는 중국판 트위터인 웨이보를 통한 입소문 광
고 전략을 통해 홍보 효과를 극대화함으로써 비용적인 면을 합리적
으로 운영하고 제품의 가격 경쟁력을 확보했다.

테슬라는 전기차 배터리나 파워 트레인 분야에서 선도적인 기술
을 보유한 전기차 제조 업체다. 테슬라의 경영에서 특이한 점은 전기
차 분야에서 기술적인 우위를 점하고 있음에도 전기차 개발 업체라
는 점을 크게 부각하지 않는다는 것이다. 오히려 고소득 계층을 겨
냥한 얼리어답터용 고급 승용차라는 느낌을 강조한 마케팅을 펼쳤
다. 이들의 사례는 다음에서 더욱 자세히 살펴보도록 하자.

: : 샤오미(Xiaomi)

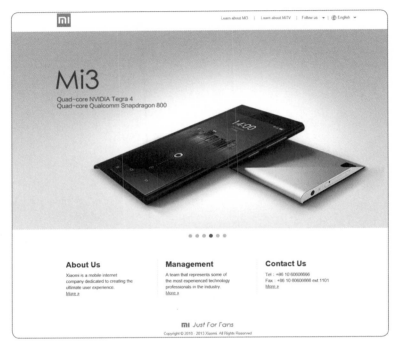

사진 출처 46)
중국 스마트폰 제조 업체, 샤오미

스마트폰 제조 업체인 샤오미는 2010년, 레이준(Lei Jun)과 린빈
(Lin Bin) 두 명의 공동 창업자가 설립했다. 좁쌀이라는 의미의 샤
오미는 많은 중국 제조 업체들이 그랬듯이 소위 짝퉁 제작에서부

터 사업을 시작했다. 심지어 창업자 레이준은 제품 설명회에 스티브 잡스가 즐겨입던 검은 티셔츠와 청바지 차림으로 나타나기도 했다.

사업 초기, 정부 지원과 벤처 캐피털의 투자 유치를 통해 4,100만 달러의 자금을 확보하며 시장에 안착했으며, 설립 3년 만에 폭발적인 성장을 거듭한 끝에 2012년 기준 3,500명의 직원을 보유한 기업으로 성장했다. 또한 샤오미는 단말기 판매뿐만 아니라 최근에는 모바일 인터넷 사용자들을 대상으로 한 콘텐츠와 서비스 판매, 광고주를 대상으로 광고 수수료 등에서 수익을 올리며 매출의 다양화를 꾀하고 있다.

사업 모델

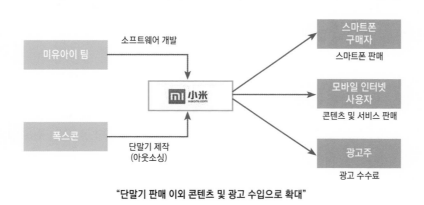

"단말기 판매 이외 콘텐츠 및 광고 수입으로 확대"

기술적인 측면에서도 샤오미는 안드로이드 기반의 맞춤형 OS인 미유아이(MIUI)를 자체 개발하는 등 높은 역량을 보이고 있으며, 트렌드에 민감한 10~20대 이용자들 대상의 명확한 타깃팅과 이들을 만족하게 하는 사업 모델을 지속해서 개발하고 운영해 놀라운 사업 성과를 달성했다.

사업 성과

매출액

(단위: 조 원)

×2

4.2

2.1

2011.08 판매 시작

| 2011 | 2012 | 2013E |

1	삼성	17.6%
2	레노버	12.3%
6	샤오미	5.0%
7	애플	4.8%

"출시 2년 만에 애플 추월"

특히 마니아층을 확보하는 애플의 전략을 철저하게 벤치마킹하면도 새로운 디자인과 제품 개발을 공개적으로 진행하는 차별화된 전략을 선택했다. 그 결과, 2011년 정식 판매를 시작한 후, 2013년 기준 4조 원의 매출을 올렸으며 출시 2년 만에 중국 내에서 애플을 추월하며 시장 점유율 1위를 차지했다. 샤오미는 이런 활약에 힘입어 2013년 미국의 비즈니스 잡지 패스트 컴퍼니가 선정한 창의적인

50개 회사 가운데 3위를 차지하기도 했다.

샤오미는 펜타-매트릭스의 다섯 가지 성공 요소를 고르게 만족하는 스탠다드형으로 분석 결과는 다음과 같다.

펜타-매트릭스 분석	성공 요인별 설명

비전	• 중국 기업에 대한 브랜드 혁명을 일으키자
파트너	• 벤처 캐피털, 정부 기관, 샤오미 직원으로부터 초기 4,100만 달러 투자 유치
기술	• 스마트폰 운영 체제 관련 소프트웨어 기술
사업 모델	• 100% 온라인 판매 및 웨이보 광고 활용을 통해 판촉·광고 비용 절감
시장	• 젊은 고객에 대한 전략적 타깃팅 및 니즈 분석에 기반하여 주 1회 소프트웨어 업데이트 서비스 제공

샤오미의 창업 초기 비전은 '중국 기업에 대한 브랜드 혁명을 일으키자(Brand Revolution of Chinese Company in the World)'는 것이었다. 즉, '중국'하면 '짝퉁'을 떠올리는 낮은 인식을 바꿔놓겠다는 것이 샤오미의 비전이었다.

이를 위해 샤오미는 젊은 고객을 대상으로 욕구 분석에 나섰다. 대체로 트렌드에 민감하다는 점과 가격이 저렴한 제품을 원한다는 두 가지 특성이 젊은 층들의 대표적 성향이었다. 즉, 유행에 민감해

최신 제품을 갖고 싶은 욕구는 높지만 이에 비해 경제적인 여유가 뒷받침되지 않는다는 불균형을 겨냥해 가격이 저렴한 트렌디한 제품을 만들어내겠다는 전략을 세웠다.

타깃은 명확하고 구체적으로 선정해라

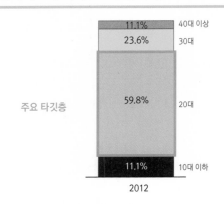

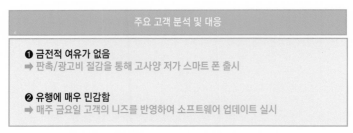

출처: Xiaomi website, Industry Report, Media Research, 관계자 인터뷰, ADL Analysis

또한 샤오미는 고사양의 저가 스마트폰을 시장에 내어놓기 위해서 판촉비와 광고비를 줄이고 모든 유통은 온라인 판매로만 제한했다. 중국판 트위터인 웨이보를 통해서 무료 광고를 게재하고 삼성이나 애플과 비슷한 사양이지만 40% 이상 저렴한 스마트폰을 내놓았다. 또한 젊은 고객들의 트렌디한 성향에 발맞춰 주 1회 소프트웨어 업데이트 서비스를 제공하고 있다.

무엇보다 샤오미의 가장 큰 경쟁력은 맞춤형 OS인 MIUI를 기반으로 한 스마트폰 시리즈, 미유아이 시리즈였다.

기존의 휴대전화 제조 업체들이 소프트웨어 개발에 대한 제약

개발 동기	• 소프트웨어 자체 업데이트 어려움 • 중국 고객 특성에 맞는 인터페이스 활용 제약 존재
기술 개발	맞춤형 OS 자체 개발 MIUI V 시리즈
특징	• 소프트웨어 업데이트 용이 • 어플 자체 개발 및 적용 용이 • 중국인의 생활 패턴에 최적화된 인터페이스

으로 자체 개발한 소프트웨어를 업데이트할 수 없다는 점에 착안하여, 샤오미는 자체적으로 업데이트가 가능한 OS를 개발하게 되었다. 이를 통해 중국 고객 특성에 맞는 인터페이스를 개발하고 신속한 업데이트도 가능하게 했다. 이는 또 중국에서 자체적으로 개발한 기타 애플리케이션을 적용하기도 쉽다는 장점이 있었다.

이뿐만 아니라 샤오미는 고객의 욕구를 재빠르게 읽고 반영함으로써 제품의 가치를 높였다.

고객들이 샤오미 제품에 대해서 어떤 불편함을 느꼈는지, 샤오

고객 니즈에 민감하게 대응해라

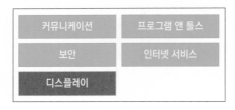

"5개의 카테고리
관련 커뮤니티 운영"

"버그 및 건의사항 실시간
접수(주당 약 200여 건)"

미 제품에 기술적으로 어떤 버그가 있는지를 매일같이 다섯 개의 커뮤니티를 통해서 실시간으로 접수하고 개선해나가고 있다. 커뮤니티, 프로그램 앤 툴스, 인터넷, 보안, 디스플레이 등 다섯 개의 커뮤니티가 그것이다.

일주일이면 이들 커뮤니티에 약 200건 정도의 건의사항이 올

사진 출처 47)
샤오미는 매일같이 다섯 개의 커뮤니티를 통해서 고객들의 요구를 실시간으로 접수하고 개선해나가고 있다.

라오고 샤오미는 이들 건의사항을 집계해 우선순위를 정해서 반

영하며 고객의 욕구를 충족시켜가고 있다. 이렇게 해서 일주일이면 40~50건 정도의 개선사항이 업데이트되고 있다. 일주일마다 배포되는 업데이트 버전은 고객들의 큰 호응으로 이어지고 있음은 물론이다. 이러한 경쟁력은 2년 만에 4조 원대의 매출로 이어졌다.

: : 테슬라(Tesla)

테슬라는 2003년, 엘론 머스크(Elon Mask) 등 다섯 명의 공동

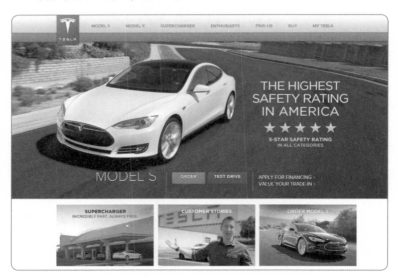

사진 출처 48)
프리미엄 전기자동차 기업, 테슬라

창업자가 설립한 전기자동차 회사다. 전기차 배터리와 파워트레인과 관련 기술을 독자적으로 보유하고 있으며, 완성차 업체에 기술을 판매하는 기술 이전 수수료를 주요 수익원으로 한다.

또한 테슬라는 자체적으로 완성차를 생산하는 완성차 업체이

사업 모델

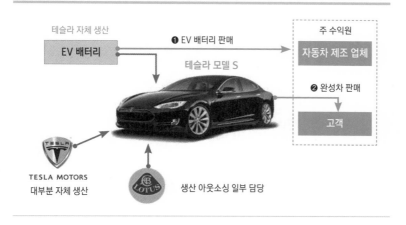

자 로터스를 통해서 OEM 생산으로 완성차를 제조하는 제조 업체이기도 하다. 테슬라는 2003년 출범 이후 배터리 기술 개발에 6여 년의 기간을 투자했다. 이로써 3배 이상의 효율을 내는 전기차 배터리 기술을 완성할 수 있었다. 이는 바꿔 말하면 창업 초기 6년간 전혀 매출이 없었다는 의미다. 즉, 2003년 창업한 테슬라가 시장에

처음으로 진출한 것은 2009년이었고 첫 매출이 발생한 것은 2010
년에 접어들면서다.

그러나 그 이후의 성장곡선은 가파르게 올라갔다. 연평균 88%

사업 성과

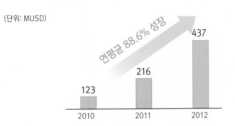

(단위: MUSD)

연평균 88.6% 성장

437

216

123

2010   2011   2012

**"전 세계 17개 국으로 사업을 확장하였으며,
회사 설립 10년 만에 기업 가치 약 23조 원 달성"**

의 성장률을 기록하며 빠르게 성장하고 있고 현재 약 4,000억 원대
의 매출을 기록하고 있다. 17개국으로 사업을 확장, 진출하면서 22
조 원의 기업 가치를 평가받고 있기도 하다.

테슬라는 창업 성공 기업의 다섯 가지 성공 요소를 고르게 보유
한 스탠다드형으로 펜타-매트릭스에 따라 분석해보면 다음과 같다.

테슬라의 창업 초기 비전은 '세계 최초의 전기자동차를 양산하
겠다'는 것이었다. 이를 위해 세계 유수의 기업들을 대상으로 총 9

펜타-매트릭스 분석

성공 요인별 설명

비전	• 세계 최초 전기자동차 양산
파트너	• 벤처 캐피털, 기업 대상으로 총 9차례에 걸쳐 약 3,200억 원 투자 유치
기술	• 전기자동차 배터리 및 파워 트레인 관련 독보적 기술 보유
사업 모델	• 사업 초기 완성차 생산 아웃소싱을 통해 설비 투자 없이 자동차 생산 • 100% 온라인 주문 판매를 통해 간접비 절감
시장	• 고소득 환경 애호가 층을 대상으로 전략적 타깃팅

차례에 걸쳐서 3억 2,000만 달러의 투자를 유치했다. 이렇게 투자 유치가 순조로웠던 것은 전기자동차 배터리, 파워트레인과 관련해서 독보적인 기술을 확보한 덕분이었다.

테슬라는 사업 초기, 100퍼센트 아웃소싱을 통해 완성차를 생산했다. 아웃소싱을 선택한 덕분에 설비 투자 없이 테슬라의 브랜드를 내건 자동차 생산이 가능했다. 또한 당시 테슬라는 간접비 절감을 위해서 100% 온라인 주문 판매를 통해 자동차를 판매하는 독특한 사업 모델을 내놓기도 했다.

이러한 테슬라의 마케팅은 경제적으로 성공을 거두고 사회적 관심이 높거나 차별화를 추구하는 이들을 겨냥했다. 이를테면 '단순히 돈만 많은'이 아니라 '고소득층의 환경 애호가'와 같은 특정 계

사진 출처 49)
테슬라는 '럭셔리'라는 이미지를 추구하며 '프리미엄 럭셔리카'라는 포지셔닝을 했다.

층이었다.

테슬라는 시장 진출에 앞서 과거 전기자동차의 실패 사례를 분석하며 사업 모델을 구상했다.

테슬라 이전의 전기자동차는 프리미엄 자동차로서의 고급 이미지를 추구하기보다는 연비가 좋다는 점을 강조한 합리적인 차량의 이미지를 추구했고, 그러다 보니 고소득층에게 매력적으로 다가가지 못한다는 문제가 있었다. 반면에 전기자동차는 고가의 고효율 부품을 사용해야 했는데 중저가 이미지 때문에 고가의 부품을 사용하는데 무리가 따랐고, 이것은 다시 자동차 성능의 한계로 이어

유사 아이템으로 실패한 사례를 주시해라

과거 사례 실패 요인: 중저가 양산형 차량에 집중
•고소득층에 외면
•성능 한계 및 인프라 부족으로 인해 사용 제약 존재
근본적인 실패 요인이 시장 포지셔닝이라 판단

시장 포지셔닝: 럭셔리 프리미엄 자동차
•럭셔리 로드샵 및 최고급 백화점 내 쇼룸 개설을 통해 럭셔리 이미지 구축
•100% 온라인 주문 제작 방식을 통해 프리미엄 자동차로 포지셔닝

지며 시장에서 외면을 받는 결과로 이어졌다. 예컨대 배터리의 성능
이 떨어져 자주 충전을 해야 하는 일이 벌어지게 되었고, 이는 상대
적으로 전기차 충전 인프라가 부족한 상황에서는 사용자의 불편으
로 이어졌다.

이에 테슬라는 '럭셔리'라는 이미지를 추구하며 '프리미엄 럭셔
리카'로 포지셔닝을 했다. 그래서 채택한 유통 방식이 양산차와 차별
화한 온라인 주문제작 방식이었다. 일반적인 판매 방식인 대리점을
통해 판매하면 '나만의 프리미엄 차'라는 특화된 이미지를 줄 수 없
다고 판단했고, 이에 온라인을 통해서만 맞춤형 판매가 이뤄지도록
했다. 그리고 럭셔리 로드샵이나 고급 백화점 내에 쇼룸을 개설해

기술 개발이 우선이다

전기자동차

EV 배터리

배터리 효율 비교

(단위: miles/charge)

76   82   82   84   265

"배터리를 비롯한 EV 핵심 부품 관련
독보적인 기술력 보유"

고급 이미지 마케팅을 펼쳤다. 이를 통해 고가의 이미지를 형성하고
고급 부품을 탑재할 수 있는 제조 여건을 만들어 전기자동차의 고
급화 이미지를 자연스럽게 만들어갔다.

부유한 환경애호가라는 특정 계층을 겨냥한 것도 매우 주효했
다. 사업 초기였던 2008년경만 해도 테슬라는 미국 캘리포니아 지
역에 국한된 마케팅을 펼쳤지만, 환경 보호에 관심이 높은 부유층

세계 틈새시장을 공략하라

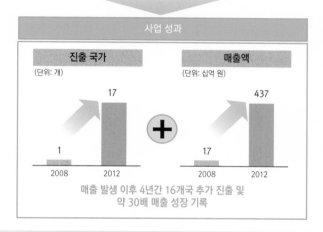

과거 사례 실패 요인: 중저가 양산형 차량에 집중

타깃: "부유한 환경 애호가"

사업 초기 특수 고객층을 대상으로 하였으나,
성능 검증 이후 입소문을 통해 전세계로 빠르게 사업 확대

사업 성과

진출 국가
(단위: 개)

17

1

2008　2012

매출액
(단위: 십억 원)

437

17

2008　2012

매출 발생 이후 4년간 16개국 추가 진출 및
약 30배 매출 성장 기록

으로 전 지역의 특정 계층을 공략해 나갔다.

이를 통해 1,500만 달러에 이르던 매출은 불과 4년 만에 입소문을 타고, 폭발적으로 증가했다. 전 세계 고급차 유저들 사이에서 테슬라의 명성이 퍼지면서 4년 만에 17개 국가로 시장을 넓혀 갔고 매출은 1,500만 달러에서 4억 1,300만 달러로 30배 가까운 성장을 기록하며 급상승했다.

이런 비약적인 성장에 힘입어 테슬라는 소비자 전문 잡지 컨슈머 리포트로부터 올해의 차로 선정되는 영광을 차지했다. 테슬라를 창업한 엘론 머스크는 애플 창업자인 스티브 잡스의 후계자 그 이상을 뛰어넘는다는 평가를 받고 있다. 또한 테슬라는 애플과 합작을 강화하는 한편 엔론 머스트 CEO는 3년 이내에 모델 S의 절반 가격인 3만 5,000달러대의 보급형 모델을 선보일 것이라고 선언해 자동차 업계에 파란을 일으키고 있다.

: : 카카오톡(KAKAO)

스탠다드 유형의 국내 기업 사례로는 카카오를 들 수 있겠다. 카카오는 '카카오톡'이라는 스마트폰용 메신저를 통해 성공적으로 시장 진출에 나선 곳이다.

카카오는 2009년, 네이버의 한게임 창업자인 김범수 대표가 독립하며 창업했다. 카카오의 메신저 서비스는 출시하자마자 빠르게 사용자를 확보하며 붐을 일으켰다. 스마트폰을 사용하는 유저라면 당연히 이용하는 서비스로 인식되었다. 카카오의 빠른 확산은 뭐니 뭐니해도 '무료 문자 서비스'라는 데서 촉발했다. 하루에도 수십, 수

사진 출처 50)
스마트폰용 메신저 서비스업체, 카카오

백 통의 문자를 주고받는 젊은 계층은 부담 없이 문자를 주고받을 수 있는 카카오톡 서비스에 열광했다. 카카오톡 역시 문자를 통해 커뮤니케이션을 하는 젊은 계층을 상대로 홍보에 집중했다.

2010년 3월에 서비스를 론칭한 이후 불과 1년 사이에 1,000만 명이라는 가입자를 확보했고 2년이 지나지 않아 3,000만 명, 국내에서 스마트폰 사용자의 대부분이 카카오톡을 이용하도록 해 성공적인 시장 확산을 이루었다. 이뿐만 아니라 외국에 있는 사용자들의 가입도 크게 늘어났다.

카카오는 이러한 사용자 증가에 따른 트래픽 증가를 해결하기 위해 서비스 초기 기술 개발에 집중했다. 비록 무료 서비스로서 초

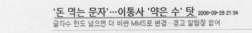

기에는 마땅한 수익 모델을 찾지 못한 상태였지만 확보한 회원을 유

지하고 훗날의 매출 발생을 기대하기 위해서는 서비스 이용에서 불

모바일 메신저 이용 이후 메시지 이용 빈도 변화

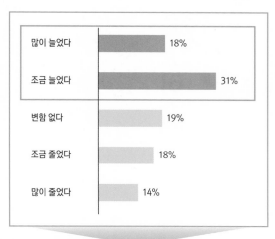

고객 니즈 및 대응

 트래픽 증가에도 빠르고 안정적인 서비스를 위한
'겁나 빠른 황소 프로젝트' 착수
분산 파일 시스템, 백엔드 시스템 기술 등을 개발

편함을 주지 않도록 해야 한다고 보았다. 이에 착수한 것이 일명 '겁
나 빠른 황소 프로젝트'였다. 사용자들의 메신저 사용에 불편이 없
도록 트래픽 증가에 대응하는 분산 파일 시스템, 백엔드 시스템 등
을 개발하며 기술적인 문제를 해결해나갔다.

안정적인 회원 확보와 유지가 가능해지자 차차 매출도 늘어났다.
처음 서비스 론칭 당시만 해도 1억 원도 채 안 되는 매출을 기록했지

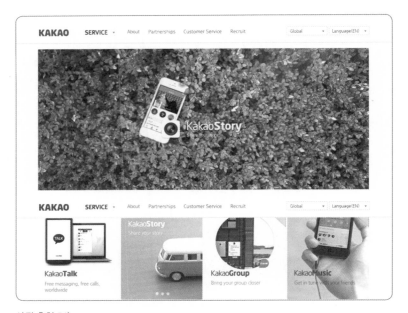

사진 출처 51)
카카오톡은 2013년 아시아 지역에서 1억 3,000만 명의 가입자를 확보했고, 매출은 2억 달러를 기록했다.

만 다양한 유료 서비스의 결합을 통해 수익원을 찾아가고 있다. 카카오톡은 2013년 아시아 지역에서 1억 3,000만 명의 가입자를 확보했고, 매출은 2억 달러를 기록했다.

　이러한 성장에 힘입어 시가 총액 5조 원대의 기업으로 평가받고 있다. 아직은 추정 가치보다 매출이 작은 편이지만 3,000만 명이나 확보된 가입자를 대상으로 어떻게 사업을 펼치는가에 따라 폭발적인 매출이 일어나게 될 것으로 보인다. 실제로 카카오톡은 미국의

수익 창출 시점은 중요하지 않다

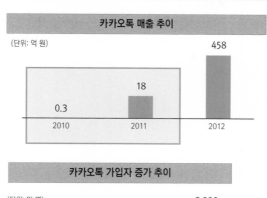

카카오톡 매출 추이

(단위: 억 원)

458

18

0.3

2010   2011   2012

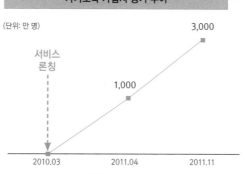

카카오톡 가입자 증가 추이

(단위: 만 명)

3,000

1,000

서비스
론칭

2010.03   2011.04   2011.11

**"서비스 론칭 후 약 2년 동안 매출은
부진하였으나, 3,000만 명 사용자 확보"**

SNS 업체 페이스북에 인수된 왓츠앱보다 이용자 수가 4배 많다. 특히 메신저 서비스에만 집중하고 있는 왓츠앱과 달리 다양한 서비스를 제공하고 있어 발전 가능성이 높다. 파이낸셜타임즈는 카카오톡의 기업 가치가 24억 달러, 우리 돈으로 약 2조 6,000억 원에 달한다고 보도한 바 있다. 또 2015년 5월 기업 공개를 할 때까지 기업 가치가 얼마나 될지 아무도 모른다며 카카오톡의 높은 성장 가능성을 칭찬했다. 그렇듯 카카오톡의 성장은 여전히 진행형이다.

P e n t a

펜타-매트릭스의 성공적 활용

M a t r i x

나의
창업 유형은
무엇인가?

앞서 설명한 기업의 사례를 통해 우리는 창의적이고 독특한 아이디어에서 출발해 성공한 창조 창업 기업들의 성공을 엿보았다. 이들은 공통으로 호기심이나, 일상의 불편함 등을 해결하겠다는 의지와 함께 창업의 첫발을 내디뎠다. 특히 펜타-매트릭스의 구조 속에서 분석해 본 결과 이들 기업은 공통 성공 요소인 비전과 파트너를 중심축으로 차별 성공 요소인 기술, 사업 모델, 시장 가운데 한 요소에서 특화된 개성을 보이며 나만의 경쟁력을 키워갔다.

이는 바꿔 말해 우리가 창조 창업에 성공하기 위해서는 차별적인 성공 요소를 발굴하고 나만의 강점에 집중해서 나아가야 한다는 의미다. 개인과 비교하자면 비전은 인생의 방향을 설정하는 꿈이다. 꿈이 있는 사람은 주변의 어떤 비난과 유혹에 흔들리지 않고 자신의 꿈을 위해 한 길을 향해 나아간다. 그렇듯 기업도 창업 당시 세워놓은 비전을 향해 경쟁력을 집중하면서 기술, 사업 모델, 시장의 타깃을 완성해가야 한다. 물론 어떤 친구를 만나는가에 따라 인생의 방향이 좌우되듯 어떤 파트너를 만나는가에 따라 기업의 성장 속도와 성장 품질은 좌우된다.

이렇듯 성공 기업들의 분석을 통해 도출된 펜타-매트릭스는 기업의 성향을 판단하고 장단점을 파악해 어떻게 경쟁력을 키워갈 것인지 방향을 찾도록 도와줄 것이다. 이른바 펜타-매트릭스는 기업을 비춰보고 진단해보는 거울이자 측정기이다. 창업자들은 자신의 기업을 펜타-매트릭스 툴을 통해 분석해 유형을 판단해본 후 각 성공사례가 보여주는 시사점을 참고해 자신의 기업이 그 기업처럼 성공 기업이 되려면 어떤 부분을 더욱 강화하고 보완해야 하는지 판단할 수 있다.

또 각 유형에 해당한다고 해서 그 유형에 영원히 갇혀 있을 필요도 없다. 스탠다드 유형을 비롯해 테크니션, 이노베이터, 포지셔너 유형이 갖는 장단점을 재해석해 받아들임으로써 유형 간의 이동과 진화를 통해 발전하는 것도 얼마든지 가능하다. 중요한 것은 기업의 발전과 혁신을 통해 성장해가는 것이며 유형 간의 이동과 진화는 그 대안이 될 수 있다.

이제 다음의 체크시트를 통해 우리 기업의 유형은 어디에 포함되는지 판단해보도록 하자. 각 질문에 맞다(2점), 아마도(1점), 아니다(0점), 모르겠다(0점)로 점수를 계산하면 된다. 모르는 것과 아닌 것은 동일하게 간주했다. 성공 창업의 5대 요소(비전, 파트너, 기술, 사업 모델, 시장)를 얼마나 가졌는지 알아보기 위한 표이다.

펜타-매트릭스 성공 유형 진단표

점수 환산 방법(해당 점수에 체크 표시하세요.)
예: 2점, 아마도: 1점, 아니오: 0점, 모른다: 0점

	질문	예	아마도	아니오	모른다
Q1	사업의 비전을 1분 내로 요약해서 설명할 수 있는가?	2	1	0	0
Q2	제품(서비스) 개발 외 사업 운영(재무, 인사) 및 영업 관리도 창업주 본인이 하는가?	2	1	0	0
Q3	제품(서비스) 판매 대상 고객을 한 문장으로 정의할 수 있는가?	2	1	0	0
Q4	제공 제품(서비스)은 기존에 없던 새로운 기술을 기반으로 하는가?	2	1	0	0
Q5	나의 제품(서비스)은 시장에 출시되어 있는 기존 제품(서비스)과 대체가 가능한가?	2	1	0	0
Q6	가족/지인/친구들도 사업 비전을 이해하고 있는가?	2	1	0	0
Q7	본인과 조직 구성원 간의 업무 구분은 명확한가?	2	1	0	0
Q8	제품(서비스) 판매 대상의 현 시장 규모를 정량적으로 산출할 수 있는가?	2	1	0	0
Q9	제공 제품(서비스) 관련 특허를 보유하고 있는가?	2	1	0	0
Q10	나의 제품(서비스)은 기존 시장에서 출시되어 있는 제품(서비스)의 보완이 가능한가?	2	1	0	0
Q11	조직 구성원들에게 비전이 잘 공유되어 있는가?	2	1	0	0
Q12	벤처 캐피털/엔젤 투자자가 주주로 참여하고 있는가?	2	1	0	0
Q13	경쟁 제품 대비 시장 점유율을 산출할 수 있는가?	2	1	0	0
Q14	경쟁 제품(서비스) 대비 나의 제품(서비스) 사양에 대한 차별점을 설명할 수 있는가?	2	1	0	0

Q15	나의 제품(서비스)은 기존 제품(서비스) 대비 원가 절감 요소를 보유하고 있는가?	2	1	0	0
Q16	사업 구상 초기에 세운 비전이 잘 유지되고 있는가?	2	1	0	0
Q17	추가 투자 금액 확보를 위해 벤처 캐피털/정부/개인 투자자 컨택 포인트를 확보하고 있는가?	2	1	0	0
Q18	제품(서비스)의 고객 확대 방향에 대한 로드맵을 만들 수 있는가?	2	1	0	0
Q19	경쟁 제품 사양에 대한 차별점은 경쟁 업체가 단기간 내에 복제가 가능한가?	2	1	0	0
Q20	나의 제품(서비스)은 기존 제품(서비스) 대비 사용 편의성을 보유하고 있는가?	2	1	0	0

각각의 질문이 의미하는 바에 대해 알아보자. 비전과 관련된 질문은 1, 6, 11, 16번에 해당한다. 1번 질문은 자신이 무엇을 하고자 하는지, 명확한 목표가 있는지 보기 위한 것이다. 1분 내로 비전을 요약해서 설명할 수 있다는 것은 그만큼 상대방을 쉽게 설득시킬 수 있음을 의미하기도 한다. 그렇게 설명한 자신의 비전을 주변 사람들이 잘 이해하고 있는지를 판단하기 위한 질문이 6번에 해당한다. 비전은 그보다 더 넓게 공유될 필요가 있다. 비전은 절대 혼자만 이해하고 있어서는 안 되며, 위아래 모든 구성원이 같은 꿈을 가진 조직만이 성공할 수 있는데, 그것을 판단하기 위한 질문이 11번에 해당한다. 또한 사업을 시작하고 어느 정도 시간이 지난 후에는 여러 가지 변수와 환경에 의해 초창기에 세운 비전이 흔들릴 수 있는 가능성도 있다. 그럼에도 스스로 비전을 굳건히 잘 지키고 유지해나가고 있는지 비전의 견고성, 확고함을 묻기 위한 질문이 16번에 해당

한다. 앞서 살펴본 기업 가운데 민박 주선 업체 '에어비앤비'의 경우 초창기 사업 모델에 대한 부정적인 평가로 투자자들을 끌어 모으지 못했지만, 자신들이 가지고 있는 비전을 꾸준히 설득한 끝에 성공을 거머쥘 수 있었다.

파트너십과 관련된 질문은 1, 7, 12, 17번에 해당한다. 조직이 성장하고 체계화되어 가는 단계에서 업무 분업은 굉장히 중요한 요소다. 슈퍼맨이 아닌 이상 자신이 모든 일을 다 할 수는 없으며, 적절한 업무 분업이 되고 있는지 보기 위한 질문이 2번 질문과 7번 질문에 해당한다. 사업을 할 때 자금 수혈이 원활하게 이루어질 수 있는지를 판단하기 위한 질문이 12번 질문이다. 비록 지금 투자자가 없더라도 사업을 하다 보면 투자금이 필요한 순간이 반드시 오게 되는데, 그때를 대비해 어느 정도 준비가 되어있는지 확인하기 위한 질문이 17번이다.

기술과 관련된 질문은 4, 9, 14, 19번에 해당한다. 4번과 9번은 출시 제품(서비스)이 독보적인지, 새로운 것인지, 차별성을 가졌는지 파악하기 위한 질문이다. 아무리 독보적이고 새롭다고 하더라도 시장에는 그와 비슷한 유사 제품(서비스)이 있을 수 있기 때문에 사양 관점에서 경쟁사 대비 차별점을 확실하게 설명할 수도 있어야 한다. 그것을 판단하기 위한 질문이 14번이다. 또한 만약 제품(서비스)에 특허가 없을 때에는 유사 제품(서비스)이 쏟아질 가능성이 있는데,

이때 다른 업체들이 쉽게 모방할 수 있는 기술이라면 결과적으로 '기술적 우위'는 없다고 말할 수 있다. 기술적 우위성을 확실히 가졌는지 확인하기 위한 질문이 19번이다.

사업 모델과 관련된 질문은 5, 10, 15, 20번에 해당한다. 자신이 출시한 제품(서비스)이 기존 제품(서비스)의 대체재 역할을 하는지, 보완재 역할을 하는지 확인하기 위한 질문이 각각 5번, 10번에 해당한다. 15번 질문은 제품(서비스)이 경쟁사 대비 가격 경쟁력을 가졌는지 파악하기 위한 것이고, 20번 질문은 같은 가격이라면 경쟁사 대비 제품 경쟁력을 얼마나 더 확보했는지 묻기 위함이다. 예를 들면 제품 사용 방법이 더 쉽다거나, 서비스 속도가 빠르거나 하는 것 등이 그 기준이 될 수 있다.

시장과 관련된 질문은 3, 8, 13, 18번이다. 자신이 판매하려고 하는 제품(서비스)이 명확한 고객층을 목표로 하고 있는지 판단하기 위한 질문이 3번이다. 앞서 살펴봤듯이 아소스(Asos)는 젊은 18세에서 32세 계층 나이대의 패션 리더들을 대상으로 합리적인 가격에 옷을 판매해 성공한 회사다. 아소스의 경영자는 3번 질문에 자신 있게 '예'라고 대답할 수 있었을 것이다. 또한 자신이 목표로 하는 시장 규모가 어느 정도인지 파악하고 있는지 알기 위한 질문이 8번 질문에 해당한다. 이는 자신이 팔려고 하는 제품(서비스)의 예상 수요와 예상 실적을 파악할 수 있기 때문에 중요한 정보다. 그렇다고 했을 때, 자신이 출시하려는 제품(서비스)이 경쟁사 대비 얼마만큼의 시장 점유율을 차지할 수 있는지 제대로 파악하고 있는지를 알아보는 질문이 13번이다. 또한 처음에 목표로 한 고객층을 그대로 유지할 것인지, 아니면 확장해나갈 것인지, 확장해나간다면 어떤 방향으로 확장해나갈 것인지 미래 전략의 보유 여부를 알기 위한 질문이 마지막 18번에 해당한다.

각 질문의 의미를 이해했다면 아래의 채점 방식대로 비전, 파트너, 기술, 비즈니스, 시장별로 자신의 총점을 적어보자. 아래 점수 결과에 따라 자신이 네 가지 성공 유형(테크니션, 이노베이터, 포지셔너, 스탠다드) 중 어떤 유형에 속하는지 알 수 있다.

채점 방식

점수 환산 방법

| 예 = 2점 | 아마도 = 1점 | 아니오 = 0 점 | 모른다 = 0점 |

항목별 점수 계산

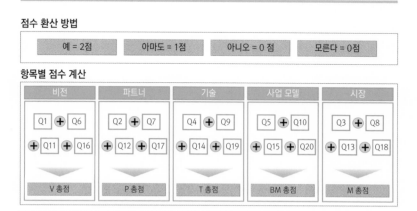

비전	파트너	기술	사업 모델	시장
Q1 + Q6 + Q11 + Q16	Q2 + Q7 + Q12 + Q17	Q4 + Q9 + Q14 + Q19	Q5 + Q10 + Q15 + Q20	Q3 + Q8 + Q13 + Q18
V 총점	P 총점	T 총점	BM 총점	M 총점

채점을 다했다면 이제 자신이 어떤 유형인지 살펴보자.

항목별 산출된 점수는 아래 표에 맵핑하여 점수에 따른 성공 유형을 확인

점수별 성공 유형 / 설명

	V총점(8)	P총점(8)	T총점(8)	BM총점(8)	M총점(8)	설명
토들러	4점 이하	or	4점 이하	점수에 관계 없음		• V총점과 P총점이 하나라도 4점 이하인 경우 • 다른 항목의 점수는 무관
테크니션			5점 이상	4점 이하	4점 이하	• V총점과 P총점이 모두 5점 이상인 경우 • T총점이 5점 이상이며 BM과 M총점이 각각 4점 이하인 경우
이노베이터			4점 이하	5점 이상	4점 이하	• V총점과 P총점이 모두 5점 이상인 경우 • BM총점이 5점 이상이며 T와 M총점이 각각 4점 이하인 경우
포지셔너	5점 이상	5점 이상	4점 이하	4점 이하	5점 이상	• V총점과 P총점이 모두 5점 이상인 경우 • M점이 5점 이상이며 BM과 T총점이 각각 4점 이하인 경우
스탠다드			4점 이상	4점 이상	4점 이상	• V총점과 P총점이 모두 5점 이상인 경우 • M, BM, T 모든 항목의 점수가 4점 이상인 경우

V총점과 P총점 중 1가지 항목이라도 4점 이하일 경우 토들러에 해당됨

V총점과 P총점이 모두 5점 이상일 때만 4개 성공 유형으로 분류됨

* T, BM, M 중 2개 이상 항목의 총점이 각각 5점 이상인 경우 하이브리드 유형으로 간주함

비전과 파트너 '모두' 5점 이상을 받지 못했다면, 다른 점수가 아무리 뛰어나다고 해도 창업 준비가 미흡하다고 볼 수 있다. 비전과 파트너는 성공 기업의 기본 요소라고 앞서 설명한 바 있다. 이 경우엔 '토들러'라는 유형으로 따로 분류했는데, 토들러 유형은 비전과 파트너 작업부터 제대로 확실히 할 필요가 있다. 비전과 파트너가 제대로 된 기반을 갖추지 못하면 그 기업의 창업은 출발도, 지속도

어렵기 때문이다. 단도직입적으로 말해 비전과 파트너 총점 모두 5점 이상인 사람만이 성공 유형을 논할 자격이 있다고 말할 수 있다.

비전과 파트너 총점이 모두 5점 이상인 사람이라면 차별화 성공 요소인 기술, 사업 모델, 시장 요소에서 각각 몇 점의 점수를 받았느냐에 따라 테크니션 유형, 이노베이터 유형, 포지셔너 유형, 스탠다드 유형으로 나뉘어진다.

기술에서 5점 이상이고 사업 모델과 시장에서 각각 4점 이하이면 테크니션 유형, 사업 모델이 5점 이상이고 기술과 시장 총점이 각각 4점 이하이면 이노베이터 유형, 시장에서 총점이 5점 이상이고 기술과 사업 모델 총점이 각각 4점 이하이면 포지셔너 유형이다. 마지막으로 기술, 사업 모델, 시장에서 모두 4점 이상의 점수를 받았을 때에는 스탠다드 유형으로 분류된다. 자칫 스탠다드 유형이 가장 좋은 것으로 내비칠 수 있는데, 그렇게 이해하기보다는 전반적으로 무난한 편에 속하는 유형이라고 이해하면 된다.

물론 기술과 사업 모델 둘 다 점수가 동일하게 높게 나온 사람도 있을 수 있다. 이럴 때에는 두 개 영역 모두에서 강점을 지니고 있는 기술-사업 모델 하이브리드형으로 해석하면 된다. 다른 경우에도 마찬가지다.

채점 결과 테크니션으로 분류된 사람의 경우를 예로 들어보겠다.

테스트 채점 및 유형 분류 예시

항목 별 점수 및 총점 계산			토틀러	테크니션	이노베이터	포지셔너	스탠다드	성공 유형
비전 Q1 2 / Q2 1 / Q3 0 / Q4 2	Q1 +2 / Q6 +2 / Q11 +1 / Q16 +1	총점 6	4점 이하 OK	5점 이상	5점 이상	5점 이상	5점 이상	
파트너 Q5 1 / Q6 2 / Q7 2 / Q8 1	Q2 +2 / Q7 +1 / Q12 +1 / Q17 +2	총점 6	4점 이하 OK	5점 이상	5점 이상	5점 이상	5점 이상	
기술 Q9 2 / Q10 1 / Q11 1 / Q12 1	Q4 +1 / Q9 +1 / Q14 +2 / Q19 +2	총점 7	N/A	5점 이상 O	4점 이하	4점 이하	4점 이상	"테크니션 타입"
BM Q13 1 / Q14 2 / Q15 0 / Q16 1	Q5 +1 / Q10 +1 / Q15 +0 / Q20 +0	총점 2	N/A	4점 이하 ×	5점 이상	4점 이하	4점 이상	
시장 Q17 2 / Q18 0 / Q19 2 / Q20 0	Q3 +1 / Q8 +1 / Q13 +1 / Q18 +0	총점 2	N/A	4점 이하 ×	4점 이하	5점 이상	4점 이상	

이 사람은 비전 총점이 6점, 파트너 총점 6점, 기술 총점 7점, 사업 모델 총점 2점, 시장 총점 2점이다. 비전과 파트너 부문에서는 기본점수 '5점' 이상을 획득하는 데 성공했으며, 나머지 세 가지 차별 성공 요소 중 '기술' 부분에 가장 높은 점수를 받았다. 이 때문에 이 경우는 기술에 강점을 보이는 '테크니션 유형'으로 분류할 수 있다.

02

각 유형별
성공 기업을
벤치마킹하라!

테크니션 창업 유형으로 성공하기 위해서는 성공 기업에서 보듯 기업의 핵심 역량을 더욱 기술에 집중하고 개발에 투자해야 한다. 이때의 기술이란 일상생활의 불편함과 시장의 트렌드에서 틈새를 찾아내는 것이 무엇보다 중요하다. 첨단의, 지금까지 없었던 기술이기보다는 기존의 기술과 아이디어가 만나 탄생한 새로운 서비스적 기술이라는 점도 명심하도록 하자.

이노베이터 유형은 차별화된 사업 모델을 보유하고 있는 창업 기업이다. 이러한 기업이 더욱 성공으로 나아가기 위해서는 고객의 욕구에 민감하게 대응하고 유사한 아이템으로 실패한 사례를 적

성공유형별 테스트 점수 및 참고 원칙들

	내용	참고 원칙		
토틀러	"비전을 세우고 파트너를 찾는 데 집중해야 합니다"	V1 비전이 거창할 필요는 없다	T1 기술 개발이 우선이다	
			T2 일상생활에서 느끼는 불편함에 주목해라	
테크니션	"기술 지향적 창업자입니다"	V2 비전에 대한 외부의 의구심에 동요하지 말아라	T3 시장 트렌드에 부합하는 기술을 개발해라	
이노베이터	"차별화된 사업 모델을 보유한 창업자입니다"	P1 파트너는 나의 부족한 역량을 채워 줄 수 있어야 한다	C1 수익 창출 시점은 중요하지 않다	
			C2 유사한 아이템으로 실패한 과거 사례를 분석해라	
			C3 고객 니즈 변화에 민감하게 대응해라	
포지셔너	"전략적 마켓 타깃을 기반으로 한 창업자입니다"	P2 재정적인 파트너와는 장기적인 관계 설정이 중요하다	S1 타깃은 명확하고 구체적으로 선정해라	
			S2 시장이 작다고 걱정하지 마라	
스탠다드	"모든 방면에서 준비가 잘 되어 있습니다"		S3 고객들이 서로 소통할 수 있는 커뮤니티를 만들어라	

극 분석해서 그들의 실패 요인을 해결한 서비스와 제품을 만들어내 차별화를 이뤄야 한다. 이러한 선순환 구조가 정착되면 수익 창출 시점이 다소 늦어진다 하더라도 이는 중요하지 않다. 차별화된 사업 모델은 그 자체로 시장을 창출하고 리드하는 동력으로 작용하게 된다.

포지셔너 유형은 사업 모델이나 기술적인 부분에 평범함을 지니고 있지만 특화된 시장을 타깃으로 정했다는 강점을 지녔다. 이른바 블루오션에 뛰어들어 시장을 선점한 포지셔너는 특정 시장의 고객층이 서로 소통하고 그들의 의견을 제품과 서비스에 빠르게 반영할 수 있도록 여건을 조성하는 것이 매우 중요하다. 특히 이때 명확하고 구체적인 시장을 확보하고 있다면 세계 무대를 전제로 할 때 기회는 얼마든지 있다. 지역 내, 국가 내에서 한정된 시장을 형성하고 있다 해도 세계로 넓혀가면 시장의 성장성은 얼마든지 보장받을 수 있다.

스탠다드 유형은 펜타-매트릭스의 각 요소를 두루두루 만족시키는 유형으로 평이한 듯 보이지만 강력하고 안정적인 성장을 보이는 곳이다. 따라서 스탠다드 유형은 테크니션과 이노베이터, 포지셔너 유형이 갖는 강점을 받아들여 각 요소를 고르게 발전시키도록 벤치마킹하는 것이 필요할 것이다.

이러한 벤치마킹을 통해 우리는 앞서 살펴본 20개의 글로벌 성공 기업을 우리나라의 창업 토양에서 만들어내고 성장시켜나가야 한다. 삼성이나 네이버, 카카오톡과 같은 기업들이 더욱 많이 탄생하고 성장해갈 수 있어야 한다. 그러기 위해서는 100개의 정책보다 이들 기업이 씨앗을 뿌리고 뿌리를 내려 잘 성장할 수 있는 토양을 만들어야 한다. 일시적인 자금 지원, 정책 지원을 통해 숫자적인 확산에 급급한 창업 지원이 아니라 시스템적으로 기업가 정신을 지닌 CEO를 양성하고 배출해낼 수 있도록 기반을 지원해야 한다. 또한 생계형 창업만 우후죽순 지원할 것이 아니라 생산형 창업과 창업 이후의 기업하기 좋은 환경을 만드는 데 집중해야 한다.

창의적인 기술과 아이디어로 사업해도 대기업에 **빼앗기지** 않을 것이라는 확신이 들 때 역량 있는 창업가들이 도전을 자유롭고 지속해서 할 수 있을 것이다. 이것이 선순환의 시너지로 이어질 때 우리 기업도 세계 시장을 석권하는 20개 글로벌 기업 이상의 성과를 거둘 수 있다.

주

1) **GDP**(Gross Domestic Product **국내총생산**)
한 나라의 모든 경제 주체가 일정 기간에 생산한 재화와 용역의 부가 가치를
금액으로 환산하여 합계한 것으로 각 부문의 생산 활동은 물론 소비, 투자, 수
출 등 수요 동향까지도 살펴볼 수 있는 종합적인 지표를 말한다.

2) **최고기술책임자**(Chief Technology Officer, CTO)
회사의 기술 개발 전체를 담당하는 총괄책임자

3) **OECD**(Organization for Economic Co-operation and Development, **경
제협력개발기구**)
경제 발전과 세계 무역 촉진을 위해 발족한 국제기구이며 대한민국은 1996
년 12월에 29번째 회원국으로 가입했다. 현재 회원국은 34개국이다.

4) **G20**(Group of 20)
1999년 12월 창설된 국제기구로 대한민국을 포함한 선진 7개국 정상회담
(G7), 유럽연합(EU)의장국, 신흥시장 11개국 등 세계 주요 20개국을 회원
으로 한다.

5) **ADL**(Arthur D. Little, Inc.)
미국에 본부를 둔 다국적 컨설팅 기업. 세계 20개국에 35개의 지사를 두고 있다.

6) **매일경제TV M머니**
대한민국의 매경미디어그룹이 운영하는 경제전문채널로, 2012년 4월에 개
국했다.

7) **스타트업**(Start-Up)
설립한 지 오래되지 않은 신생 벤처 기업을 뜻하며 혁신적 기술과 아이디어를
보유했다. 미국 실리콘밸리에서 생겨난 용어다.

8) **빅 데이터**(Big Data)
디지털 환경에서 생성되는 데이터로 그 규모가 방대하고, 생성 주기도 짧고,

형태도 수치 데이터뿐 아니라 문자와 영상 데이터를 포함하는 대규모 데이터를 말한다.

9) GE(General Electric Company, 제너럴 일렉트릭)
1878년 발명가 토머스 A. 에디슨(Thomas A. Edison)이 설립한 전기 조명 회사를 모태로 탄생했으며 미국의 첨단 기술, 서비스, 금융 기업이다.

10) 온라인 마켓플레이스(Online Marketplace, 열린 장터, 한국식 영어표현 Open Market)
누구나 판매할 물건을 인터넷 사이트에 올려 물건을 판매하거나 필요한 물건을 구매하는 방식의 인터넷 중계 쇼핑몰. 온라인 마켓플레이스는 장터, 매매 시장, 중계자의 역할을 위해 오픈 마켓 형식을 이용한다.

11) 데이터 마이닝(Data Mining)
대규모 데이터에서 가치 있는 정보를 추출하는 것을 말한다. 즉, 의미심장한 경향과 규칙을 발견하기 위해서 대량의 데이터로부터 자동화 혹은 반자동화 도구를 활용해 탐색하고 분석하는 과정이다.

12) 블로그(Blog)
웹(web)과 항해 일지를 뜻하는 로그(log)의 합성어를 줄인 신조어로, 보통사람들이 자신의 관심사에 따라 자유롭게 글을 올릴 수 있는 웹 사이트를 말한다.

13) 커뮤니티(Community)
네트워크상에서 정보 교환을 목적으로 하는 단체 또는 그 정보 교환 네트워크 자체를 말한다.

14) OEM(Original Equipment Manufacturing, 주문자상표 부착생산)
자기상표가 아니라 주문자가 요구하는 상표명으로 부품이나 완제품을 생산하는 방식을 말한다.

15) IPO(Initial Public Offering, 주식 공개 상장)
기업이 최초로 외부 투자자에게 주식을 공개 매도하는 것으로 보통 코스닥이나 나스닥 등 주식 시장에 처음 상장하는 것을 말한다.

16) 클라우드(Cloud)

영어로 '구름'을 뜻하며 소프트웨어와 데이터를 인터넷과 연결된 중앙 컴퓨터에 저장하고 인터넷에 접속하기만 하면 언제 어디서든 데이터를 이용할 수 있도로 하는 것이다.

17) USB(Universal Serial Bus)

작고 편리한 디지털 시대의 휴대용 저장 장치로 컴퓨터와 주변기기 사이에 데이터를 주고받을 때 사용하는 버스(Bus: 데이터가 전송되는 통로) 규격 중 하나다.

18) SNS(Social Network Service)

관심이나 활동을 공유하는 사람들 사이의 교호적 관계망이나 교호적 관계를 구축해 주고 보여 주는 온라인 서비스 또는 플랫폼을 말한다.

19) IDC(Internet Data Center, 인터넷 데이터 센터)

기업의 전산 시설을 위탁·관리하는 곳. 보안 시설과 관리 인력을 갖추고 매달 일정한 비용을 받고 기업의 서버를 관리해 준다.

20) URL(Uniform Resource Locator, 인터넷 정보의 위치)

웹 문서의 각종 서비스를 제공하는 서버들에 있는 파일의 위치를 표시하는 표준을 말한다.

21) GPS(Global Positioning System, 위성 항법 시스템)

GPS 위성에서 보내는 신호를 수신해 사용자의 현재 위치를 계산하는 위성 항법 시스템이다. 항공기, 선박, 자동차 등의 내비게이션 장치에 주로 쓰이고 있으며, 최근에는 스마트폰, 태블릿 PC등에서도 많이 활용되는 추세다.

22) OS(Operating System, 운영 체제)

컴퓨터의 하드웨어와 소프트웨어를 제어하여, 사용자가 컴퓨터를 쓸 수 있게 만들어주는 프로그램을 말한다.

사진 출처

사진 출처 1) https://www.airbnb.co.kr/

사진 출처 2) http://www.tripadvisor.co.kr/

사진 출처 3) https://www.linkedin.com/

사진 출처 4) http://www.palantir.com/

사진 출처 5) http://www.checkpoint.com/

사진 출처 6) http://www.mythings.com/

사진 출처 7) http://www.arm.com/

사진 출처 8) https://twitter.com/

사진 출처 9) http://www.baidu.com/

사진 출처 10) https://www.airbnb.co.kr/

사진 출처 11) https://www.uber.com/

사진 출처 12) http://www.etsy.com/

사진 출처 13) https://soundcloud.com/

사진 출처 14) http://www.arm.com/

사진 출처 15) https://www.google.co.kr/search?newwindow=1&tbs=sim
g:CAESuQEatgELEKjU2AQaBAgBCAkMCxCwjKcIGjwKOggC
EhSTG_1oalRuSEJ8P_1g_13GvwPkw_1GFRogT4jocdz_1Yjfjzu
zk_1NDrhoMZrP3gdKzRW5JC7c35TjoMCxCOrv4IGgoKCAg-
BEgRfMwkhDAsQne3BCRpICgwKCmNvbXBvbmVudHMKB-
goEdGV4dAoTChFjb21wdXXRlciBoYXJkd2FyZQoJCgdjbG9zZX-
VwChAKDmdyYXBoaWMgZGVzaWduDA&q=arm+cortex&tb
m=isch&sa=X&ei=zWJfU6ypJaPYigfi8YCABw&ved=0CEoQ7A
k&biw=1366&bih=667

사진 출처 16) http://www.checkpoint.com/

사진 출처 17) http://rexglobal.com/CheckPoint-Firewall-1-Solutions.html

사진 출처 18) https://www.dropbox.com/

사진 출처 19) http://nuys.ru/tags/Dropbox/

사진 출처 20) http://www.fortinet.co.kr/main/main.php

사진 출처 21) http://www.mythings.com/
사진 출처 22) http://www.mythings.com/
사진 출처 23) http://www.theverge.com/2013/12/8/5188450/cia-big-
          data-miner-palantir-reportedly-worth-9-billion
사진 출처 24) http://www.palantir.com/
사진 출처 25) http://www.crucialtec.com/
사진 출처 26) http://www.mobilemarket.com/cms/news/video/5681.html
사진 출처 27) https://www.airbnb.co.kr/
사진 출처 28) https://www.airbnb.co.kr/
사진 출처 29) http://www.baidu.com/
사진 출처 30) http://www.groupon.kr/app/index
사진 출처 31) http://www.comicom.it/comunicazione-impresa/2011/lin-
          vasione-dei-balloons-prima-parte.html
사진 출처 32) http://www.tripadvisor.co.kr/
사진 출처 33) http://www.tripadvisor.co.kr/
사진 출처 34) https://twitter.com/
사진 출처 35) http://www.naver.com/
사진 출처 36) http://www.asos.com/
사진 출처 37) http://www.asos.com/
사진 출처 38) http://www.etsy.com/
사진 출처 39) http://www.forbes.com/sites/tomiogeron/2012/10/16/
          linkedin-revamps-profiles-pushing-more-everyday-site-
          use/
사진 출처 40) http://www.slideshare.net/janehart/building-the-new-
          skills-of-the-networked-workplace
사진 출처 41) http://www.made.com/
사진 출처 42) https://soundcloud.com/
사진 출처 43) https://www.uber.com/
사진 출처 44) http://www.mobilemarket.com/cms/news/video/5681.html

사진 출처 45) http://www.yjscreen.com/bbs/board.php?bo_table=B01&wr_
id=2
사진 출처 46) http://www.mi.com/en
사진 출처 47) http://www.mi.com/en
사진 출처 48) http://www.teslamotors.com/
사진 출처 49) https://www.google.co.kr/search?q=%ED%85%8C%EC%
8A%AC%EB%9D%BC+%EB%AA%A8%EB%8D%B8s&new
window=1&sa=X&tbm=isch&tbo=u&source=univ&ei=GTJ
jU-ncl4rLkAWi8oCoDg&ved=0CDcQ7Ak&biw=1360&bih=
622#facrc=_&imgdii=_&imgrc=5TfVnsthrHJWuM%253A%
3BfPGVF_6Nx4_R5M%3Bhttp%253A%252F%252Fcfile1.
uf.tistory.com%252Fimage%252F2023734C50E6661
010DDF4%3Bhttp%253A%252F%252Fdajapa.tistory.
com%252F797%3B740%3B491
사진 출처 50) http://www.kakao.com/talk
사진 출처 51) http://www.kakao.com/services/9